An Introduction to Psychology

はじめて学ぶ心理学

鈴木　康明　編著
飯田　緑

北樹出版

── ● 執筆者紹介 (執筆順) ──────

伊東　孝郎　（白鷗大学教育学部准教授）　第1章、5章
大島　朗生　（東京福祉大学社会福祉学部専任講師）　第2章
青木　智子　（文京学院大学保健医療技術学部教授）　第3章
鈴木　康明　（東京福祉大学・大学院教授）　編者、第4章、第7章2節
金丸　隆太　（茨城大学大学院教育学研究科専任講師）　第6章1～3節
飯田　　緑　（国士舘大学法学部講師）　編者、第6章4節、第7章1、3、4
山家　卓也　（医療法人崇徳会田宮病院精神科医）　第8章

はしがき

　この本は書名からわかるように、大学、短期大学、専門学校などの学生だけでなく、初めて心理学を学ぶすべての人が、心理学の基礎を理解するために書かれたものである。

　昨今、多くの人が心理学に関心を寄せ、私の勤める大学でも、他の科目と比べて、相当多い人数の受講者が受講するようになった。そのことは、心理学の研究と教育に携わる者として、喜ばしいことであり、ぜひ彼らの期待にこたえていきたいと考えている。

　そのためにはいろいろな創意工夫が必要なのだが、まず最初の課題は教科書であった。心理学にかかわらず、一般教養的な講義では、標準的な教科書を用いて、定説となった事柄を伝えていくことが大切である。しかし、どうも彼らにはそれが退屈なようなのである。というより、彼らいわく、「教科書が難しい」、「意味がわからない」とのことである。

　だとすると、心理学の知識や考え方を、平易に親しみやすく伝えることのできる教科書を用意すること、ここから始めることが必要なのではないか、これが本書執筆の動機である。

　どうぞ、気鋭の研究者たちが、自分たちは何を伝えようとしているのか、心理学教授の原点を確認し、精魂を込めてつくりあげた本書を十分に活用し、心理学の基礎を自らのものとしていただきたいと思う。

　最後に、本書の刊行にあたり北樹出版の木村哲也氏、福田千晶氏にはたいへんお世話になりました。執筆者を代表してお礼申し上げます。

２００６．３　　鈴木　康明

目　　次

第1章　心理学の定義と歴史 …………………………………… 11
　　1　定　　義 ……………………………………… 11
　　2　心理学の視点 ………………………………… 12
　　3　歴　　史 ……………………………………… 13
　　　　（1）それはヴントから始まった（13）（2）機能主義から
　　　　行動主義へ（14）（3）ゲシュタルト心理学（16）（4）精
　　　　神分析の登場（17）（5）人間性心理学（17）
　　4　心理学の未来 ………………………………… 18
　　　　（1）近代科学的研究法への疑問（18）（2）実践的心理学
　　　　研究法の確立（19）（3）脳科学の発展とこれからの心理学
　　　　（20）

第2章　感覚・知覚と情動・動機づけ ………………………… 21
　　1　感覚・知覚 …………………………………… 21
　　　　（1）感覚とは（21）（2）知覚とは（22）（3）知覚特性（22）
　　　　（4）文脈効果（27）（5）知覚の処理（27）（6）注意（28）
　　2　情動・感情 …………………………………… 28
　　　　（1）感情とは何か（28）（2）感情の差異（29）（3）情
　　　　動の分化（30）（4）感情の理論（31）
　　3　動機づけ・欲求 ……………………………… 33
　　　　（1）動機づけと欲求（33）（2）動機（34）（3）欲求（35）
　　　　（4）欲求不満（35）（5）欲求不満耐性（37）（6）葛藤（37）
　　　　（7）防衛機制（38）

第3章　学習・記憶・思考 …… 41

1　学　習 …… 41
（1）古典的条件づけ（41）（2）オペラント条件づけ（43）
（3）観察学習（44）（4）学習性無気力（44）

2　記　憶 …… 45
（1）記憶の情報処理モデル（46）（2）記憶のプロセス（47）

3　思　考 …… 50
（1）問題解決と思考（51）（2）問題解決と洞察（51）（3）問題解決と認知の発達（52）

第4章　発　達 …… 55

1　発達について …… 55
（1）発達とは（55）（2）成熟と学習（55）（3）発達の法則（57）（4）発達段階（57）

2　誕　生 …… 60
（1）誕生について（60）（2）有能性と母子相互作用（62）

3　発達の様相 …… 62
（1）ライフ・サイクル（62）（2）乳幼児期から児童期まで（63）（3）青年期（68）（4）青年期以降（70）

第5章　性　格 …… 73

1　人格・性格・気質 …… 73

2　類型論と特性論 …… 74
（1）類型論（74）（2）血液型による性格類型のウソ（77）
（3）特性論（78）（4）一貫性論争と相互作用論（81）

3　性格の測定 …… 81
（1）観察法（81）（2）面接法（83）（3）検査法（84）

第6章　臨床心理 …… 91

1　臨床心理学とは …… 91

　　　　（1）人間と健康（91）（2）臨床心理学の内容（92）

　　2　適応と不適応……………………………………………… 95
　　　　（1）主観と客観（95）（2）不適応状態（95）

　　3　心理アセスメント………………………………………… 96
　　　　（1）心理アセスメントとは（96）（2）心理アセスメントの
　　　　実際（97）（3）心理検査（99）（4）心理検査の科学性と
　　　　倫理（100）

　　4　心理療法………………………………………………… 101
　　　　（1）心理療法とは（101）（2）さまざまな心理療法（102）

第7章　社会とのかかわり………………………………………… 119

　　1　病気、災害と心理学…………………………………… 119
　　　　（1）病気と災害（119）（2）PTSD（120）

　　2　死別の悲しみ…………………………………………… 124
　　　　（1）死別体験者をどう理解するか（124）（2）苦悩とその
　　　　表現（125）（3）悲嘆について（126）（4）悲哀の過程（126）
　　　　（5）悲嘆要因（127）（6）おわりに（128）

　　3　仕事とキャリア・カウンセリング（Career Counseling）…… 128
　　　　（1）キャリア・カウンセリングの歴史（128）（2）キャリ
　　　　ア・カウンセリングの理論（129）（3）キャリア・カウン
　　　　セリングの特徴（133）

　　4　対人行動………………………………………………… 133
　　　　（1）対人認知（133）（2）集団（135）

第8章　精神医学の基礎…………………………………………… 137

　　1　はじめに………………………………………………… 137
　　　　（1）精神医学とは（137）（2）「正常、異常」と「病気、
　　　　健康」（138）

　　2　精神障害………………………………………………… 138

（1）精神障害の原因（138）（2）精神障害の分類（139）
　　　（3）精神障害の発症（140）（4）精神医学的診断の手順
　　　（140）（5）精神医学的診断の方法（141）（6）主な精神
　　　症状（142）

3　治療総論………………………………………………… 144
　　　（1）精神科チーム医療（144）（2）急性期への対応（145）
　　　（3）薬物療法（145）（4）寛解期への対応（146）

4　精神疾患の病理の構造……………………………… 146
　　　（1）統合失調症（146）（2）気分障害（149）（3）神経
　　　症（152）（4）発達障害（155）（5）パーソナリティ障害
　　　（158）（6）認知症（160）（7）依存症（161）

5　おわりに………………………………………………… 164
　　　（1）予防精神医学（164）（2）差別と偏見（164）

参考文献および引用文献
索　　引

はじめて学ぶ心理学

心理学の定義と歴史

1　定　　義

　現代は心理学ブームだといわれる。その裏には、身近でありながら、いや、それゆえにこそ客観的な判断が難しい、未知の対象である「自分」を知りたいという強い欲求と、「他者」をより深く理解したいという切なる思いがある。ひょっとすると、超能力への憧れのような、自分の中にある未知なる部分に思いをはせ、その存在に期待をかけて現状からの脱出を夢見るような逃避願望があるのかもしれない。また、人間関係が希薄となって他者との間に距離を感じる若者が増える一方で、凶悪犯罪などの理不尽な行動が続出するなど、隣人を理解することが難しい時代となり、他者を知ることが自らの適応や安全にとって重要なテーマとなっていることも反映しているかもしれない。

　心理学という学問は、そうした人々のニーズに応えるものであろうか。そもそも心理学とは、いかなる学問であるか。その定義は、実に多様である。「こころの科学」「行動の科学」「人間の本質に関する科学」などなど。共通するのは、科学であるということ。

　心理学は、古代ギリシャ時代の哲学者による主観的観察的経験的立場をその起源としている。対象は人間の諸活動──行動や思考や感覚。対象はそのままに、心理学は哲学から独立して独自の学問であろうとするために、科学であることにこだわり続けてきた。科学とはものを知るための方法の一種であり、そこで

は客観性や普遍性を重視しつつ、事実あるいはそれをもたらす法則性を解明することが目的とされる。

科学的な研究方法とは、仮説を立て、それを検証することである。検証のための具体的な方法としては、条件を統制して行う実験法、ある特性を測定するための検査法、あるがままの事象を把握する観察法などが用いられる。こうした研究方法は、その手続きと解釈において、得られる結果の信頼性と妥当性を保証するもの、すなわち誰がいつ追試しても同じ結果が得られ、仮説の検証が可能なものでなければならない。

残念なことに、自分と他者を――つまりは人間を――まるごと理解する決定的な方法を、心理学はいまだ提供できずにいる。しかし、ある限定された視点から、厳密な手続きを適用し、人間というものを科学的に一歩一歩理解していくという歴史を重ねることによって、ある程度、人間の理解に成功しているというのが、現代心理学の偽らざる姿であるといえる。

2　心理学の視点

心理学のさまざまな視点は、行動主義的視点、生物学的視点、認知主義的視点、精神力動的視点、人間主義的視点という5つに整理することができる。

行動主義的視点は、外部から観察可能な人間の行動に焦点を当て、人間は環境からの働きかけに対し、反応することで報酬を得て、行動を学習するという考え方を基本とするものである。心的過程を考慮しない厳格な行動主義は、現代では考えられなくなっているが、客観性を重視する方法論は、他の心理学の視点にも大いに影響を与えている。

生物学的視点は、生理学や解剖学の知見に基づき、脳と神経系などの身体的構造や化学的変化の面から行動や心的過程を理解しようとするものである。測定機材の進歩によって、客観的で詳細な測定が可能になり、新たな知見が次々ともたらされている。医学や生物学など、関連領域との学際的研究も多い。

認知主義的視点は、思考や記憶といった心的過程について研究する視点である。内観という自己観察によってではなく、客観的な指標である行動の観察を通して、多くの研究が行われている。ここで得られた視点は、近年、コンピュータによる情報処理過程の開発などにも大いに貢献している。

　精神力動的視点は、フロイト（Freud, S.）の精神分析理論に基づくもので、人は基本的に無意識によって動かされ、無意識のエネルギーと、意識的な自我、および良心としての超自我との力動的な関係によって人格や行動が決定される、とするとらえ方である。各種心理療法にとって欠くことのできない視点となっていると同時に、行動の原因の推測や、集団を理解する際などにも有用な視点となっている。

　人間主義的視点は、人間の持つ本質的に肯定的な面に焦点を当てて、自己概念の確立や成長への動機づけといった点から人間をとらえようとする、人間性心理学者たちの視点である。ロジャース（Rogers, C. R.）のカウンセリング理論や、マズロー（Maslow, A. H.）の欲求階層説は、こうした視点に基づく代表的な研究成果である。

3　歴　史

(1) それはヴントから始まった

　学問としての心理学の始まりは、ヴント（Wundt, W. M.）がドイツのライプチヒ大学に心理学実験室を初めて開設した1879年と考えられている。当初は、古い校舎にある小さな部屋に、ヴントが2人の学生とともに簡単な測定機器を持ち込んだだけの私的な施設であったが、数年後にはかなり広くなって大学の公式施設になった。ヴントはそこで自ら心理学的研究を行うとともに、多くの大学院生を指導し、ヨーロッパやアメリカの大学に心理学者の幹部候補生として送り出したという（Hunt, 1993）。

　ヴント自身はライプチヒ大学の哲学教授であったが、元来生理学者であり、

生理学の研究方法を、人間の意識という新たな対象の研究に用いて、実験心理学という新たな学問の基礎を作った。彼に先立ち、フェヒナー（Fechner, G. T.）の精神物理学測定法や、ヴントの師であったヘルムホルツ（Helmholtz, H. V.）の色覚論に代表されるように、複数の生理学者が感覚の研究を行っており、その成果は今も心理学の知見として息づいている。このように心理学は、その成立過程において生理学からの影響を大きく受けている。ヴントの意識研究もそうした流れの中にあるが、さらに彼は独自の研究方法として、哲学から引き継がれた方法である「内観」を用いた。その目的は、意識を直接観察して、基本的諸要素を取り出し、それら諸要素の結合の性質や法則を明らかにすることであった。

　ヴント心理学の正当な弟子であるティチェナー（Titchener, E. B.）は、ヴントの実験室で研究をした後、アメリカ合衆国に渡った。彼は内観を、特別な訓練を通して身につける科学的観察と位置づけた。意識の構成要素として感覚、心像、感情の3つを取り上げ、複雑な意識はそれらの要素に還元可能であり、また要素の組み合わせによって意識を構成できると考えた。彼は自らの心理学を構成主義と呼んだ。

（2）機能主義から行動主義へ

　一方ジェームズ（James, W.）は、ヴント学派の構成主義的な意識の観点を批判し、機能主義と呼ばれる彼の心理学を提唱した。彼によれば、意識とは普遍的な要素としての観念や心像の集合体ではなく、能動的な流れであって、その流れの中でひとつの現象は他の現象と結合したり、それによって覆われたりするものであった。また、進化論の影響を受けた環境への適応という図式の中で、個体に固有の人格、意識の個人性に注目したということも、機能主義の特徴である。意識はまた、生理学的な中枢神経の機能に依存するものであり、神経系統にその根源を求めているが、彼のこうした考え方は、デューイ（Dewey, J.）やエンジェル（Angell, J. R.）のシカゴ学派に受け継がれ、後にソーンダイク

(Thorndike, E. L.) の学習理論やワトソン（Watson, J. B.）の行動主義を生み出すことになる。

　20世紀に入ると、シカゴ学派によって、機能主義の心理学とは有機体（動物）の欲求と環境とを仲介する役割を果たす学問であり、有機体は精神物理学的統一体として行為するため、心理学は意識の範囲に限定することはできず、行動をも含むもの、とされた。ジェームズを師とするソーンダイクは、猫の「問題箱」を用いて、ばねを押したり縄を引いたりすることで、脱出できたり餌を得られたりする課題を与え、動物が試行錯誤の方法で行為し、偶然成功に至るという学習のありようを観察して、練習の法則や効果の法則を見出した。

　行動主義は、心理学を厳密な科学にすべく、客観的な行動だけを研究対象とする心理学である。エンジェルの指導を受けたワトソンは、ソーンダイクの路線を継ぎつつも、彼が「満足」のように直接観察できない概念を扱ったことを批判し、刺激と反応の図式（S-R）によって有機体と環境との関係を表した。ワトソンによれば、ネズミの行動も人間の行動も同じ図式によって説明できるものであって、有機体の内面はブラックボックスとして無視された。彼の行動主義に先立ち、ロシアのパブロフ（Pavlov, I. P.）らが、条件反射の研究をしている。彼らは犬に対して、ベルを鳴らすとともに（条件刺激）、餌を与え（無条件刺激）、犬は唾液を分泌させる（無条件反応）。これを繰り返して学習が成立すると、餌を与えなくとも、ベルの音を聞いただけで（条件刺激）、唾液を分泌させるようになる（条件反応）。こうした一連の学習は「条件づけ」と呼ばれる。パブロフの条件づけの研究は、ワトソンの行動主義の成立に大いに影響を与えている。ワトソンは、ほとんどすべての行動は環境に強化された条件づけによるものであり、条件づけによって無限に近い行動を生じさせることができると主張した。1930年代になると、トールマン（Tolman, E. C.）が、刺激と反応の間に目的や状況の認知のような有機体の内面を考慮し、これを刺激と反応とを媒介する仲介変数と位置づけ、新たにS-O-Rの図式を用いた。彼は自らの理論を新行動主義と呼んだ。新行動主義の登場によって、ブラックボックスとして無視されて

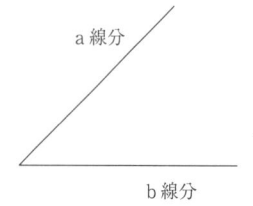

図1-1 ウェルトハイマーの運動視

いた有機体の内面に、再び焦点が当たることになった。同じく新行動主義者のハル（Hull, C. L.）は、動物の行動を明確な方程式で表した。彼の研究は、今日の数理心理学の発展へと結びついている。

（3） ゲシュタルト心理学

　ドイツでは、ベルリン学派と呼ばれるウェルトハイマー（Wertheimer, M.）やコフカ（Koffka, K.）、ケーラー（Köhler, W.）らが、ゲシュタルト心理学を誕生させた。1912年、ウェルトハイマーが「運動視に関する実験的研究」を発表したことが、その始まりといわれている。彼は、図1-1のa線分とb線分を暗室で継時的に見せる実験を行い、露出時間をうまく調節して提示すると、a線分がb線分の方に動いていくのが見られることを発見した。両刺激情報のすきま部分を補完するような運動視が起きるこの現象を、彼はファイ現象と呼んだ。ゲシュタルトとはドイツ語で「形態」を表す語であるが、1890年にエーレンフェルス（Ehrenfels, C. v.）が「ゲシュタルト質について」という論文で用いた概念に端を発する。メロディーというものが、音程を変えても同じようなメロディーで聞こえることに着目した彼は、メロディーが全体として有するゲシュタルト質の存在を指摘した。彼は、ゲシュタルト質とは有機体が自立的補足的にとらえる性質のものだと考えていた。ベルリン学派はこうした受け手の意識的なとらえ方を否定し、ゲシュタルト質は対象と切り離せないもので、現象を全体として知覚する際に知覚される、刺激個々の性質にはない性質であるとする。彼らはゲシュタルト質に関して数多くの法則を見出した。またケーラーは、チンパンジーや鶏の行動研究を通して、動物が問題状況全体を見渡し、突然理解して解決に至るという洞察の仮説を立てたが、それを試行錯誤によって説明する行動主義者との間で論争が起こった。

（4）精神分析の登場

　行動や思考の原理を、意識よりも無意識に求めたのが、ウィーンの医師、フロイトである。彼は人間の内面深くにある無意識領域に、リビドーという性的欲求（後に、ここに攻撃欲求を加えた）からなるエネルギーを想定し、これこそが、認知されることのないままにさまざまな行動や思考を生み出す源泉である、ということを中心とする精神分析理論を唱えた。そして、ある種の身体症状は、願望や情緒を抑圧していることが原因であるとして、自由連想や夢の分析などを通して無意識を意識化（洞察）し、症状の除去を目指す臨床技法を開発した。フロイトの影響を受けて、その後独自の発展を見せた学派は多い。たもとを分かって、新たな学派を立てたユング（Jung, C. G.）、アドラー（Adler, A.）、新フロイト派と呼ばれるホーナイ（Horney, K.）、フロム（Fromm, E.）、サリヴァン（Sullivan, H. S.）、自我心理学派のアンナ・フロイト（Freud, A.）、対象関係論学派のクライン（Klein, M.）、ウィニコット（Winnicott, D. W.）ら、多様な形で精神分析は発展を遂げた。フロイトのさまざまな概念は、心理学や精神医学だけでなく、現代思想全般に対しても大いに影響を与えている。

（5）人間性心理学

　精神分析が無意識を、行動主義が刺激と反応の図式を、それぞれ重視して人間行動を説明していたのに対し、人間の持つ肯定的な側面に焦点を当てて、主体性や創造性を重視し、人間は自ら目的に向かって成長する存在であると考える人間性心理学が生まれた。ロジャースは、すべての人間が自己実現傾向を持つとして、それを「来談者中心療法」という心理療法として（後に心理療法の枠から飛び出し「パーソン・センタード・アプローチ」として）実践した。問題に悩む人は、自己概念と現実がずれている状況にあるのであって、心理療法家の援助を受けつつ自己一致を果たすことで、自らそうした問題の解決を図ることができるとする。心理療法家自身も自己一致していることが重要であり、他に無条件の肯定的配慮と共感的理解とが、彼の心理療法における原則とされた。またマズロー

は、もっとも低次の生理的欲求から最高次の自己実現欲求に至る「欲求階層説」を提唱し、低次の欲求が満たされることで初めて、より高次の欲求が重要な意味を持つのだとした。また、自分の才能や能力を効果的に発揮している人の研究から、一瞬の自己実現ともいえる至高体験の研究に至るまで、自己実現に関するさまざまな研究を行った。精神分析、行動主義に対し、彼らは自らを第三潮流と位置づけた。実際、その後バーン（Berne, E.）の交流分析（TA）、パールズ（Perls, F.）のゲシュタルト療法、ジェンドリン（Gendlin, E. T.）のフォーカシングなど、さまざまな理論や技法が登場し、人間性心理学は現在では心理療法の主要な潮流のひとつとなっている。

4 心理学の未来

（1）近代科学的研究法への疑問

　科学が客観性や普遍性を重視していることに関して、それが文化や社会の思想構造に依拠するものであり、客観性普遍性が絶対的には保証されないという、科学相対主義の立場からの批判がある。たとえばその源流の一人とみなすことのできるハンソン（Hanson, N. R.）は、早くも1950年代に、科学的発見とは「自分の見ている観察事実を、今までにすでに確立されている知識体系という背景と、うまく合わせてみることにある」（1986）としている。彼は、事実が事実として発見されるのではなく、その事実をも包み込む理論を前提にして発見がなされているという、厳密な意味で客観的とは言いがたい科学的発見のパターンを描いて見せた。このように科学は、客観性や普遍性への疑問を提示し、社会とのかかわりを視野に入れつつ、新たなパラダイムを模索している段階に入っている。

　歴史的に見た場合、精神と物体とを分離したデカルト（Descartes, R.）の二元論に基づいて、客観的な実験や自然観察を基本とする実験科学や物理学が誕生したといわれている。心理学は、デカルトによって排除された精神を、物体の

研究方法である自然科学によって研究しようとする学問である。その誕生当初から、かつて排除されたものを研究対象とするという矛盾を持ち続けていたわけである。それでも、人間の行動や心的過程を客観的なデータに変換して、個人差を排除しながら、普遍的な人間行動について科学的に研究するというこれまでの方法は、多くの成果をあげてきた。しかし、先に挙げたような本家の科学の状況を見れば、「科学的」であろうとして客観性にこだわってきた心理学としても、新たな価値や論理に基づいた研究方法を模索する必要があるのは明らかである。

（2）実践的心理学研究法の確立

　現在、心理学に対しては、社会の側からさまざまな要請がなされている。医療や臨床、あるいは教育の現場で、心理学研究者に対する期待は大きい。心理療法による問題解決や癒し、不登校やいじめ、発達障害の児童生徒への対応、被災者や犯罪被害者へのケアなど、特定の個人を援助するための、多くの重要な役割が求められている。これまで臨床心理学や犯罪心理学などの実践的な心理学は、基礎心理学という中心領域に対し、客観的普遍的な科学的研究法が適用しにくいことから、周辺的な応用心理学として位置づけられてきた。しかし、こうした社会からの要請に直接応えることができるのは、人間一般を研究する基礎心理学よりも、個々の人間を扱う実践的な心理学である。今後こうした領域は、ますます重要となっていくであろう。かつて基礎心理学の成果が、実践的心理学にさまざまな知見をもたらしたように、今後は逆に、実践的心理学から基礎心理学へという知の流れが重要になるであろう。その意味で、これまでの「科学」とは異なった、個別的で一回性の実践から知見を得る、新たな研究方法の確立が求められている。たとえば、臨床心理学における事例研究のように物語性に注目して、研究者が自ら対象とかかわりながら、その人の現実生活で生じた出来事に関するデータを収集し、具体的な現実の意味を見出し、よりよい生活につながる新たな意味を生み出すようなかかわりについて研究する、

などの方法が考えられよう。

(3) 脳科学の発展とこれからの心理学

　脳科学研究の最前線では、短期的に解明すべき課題として、「記憶学習の分子・細胞レベルのメカニズム」「感覚、認知、運動のメカニズム」「情動、行動、生体リズムのメカニズム」などが研究されている。さらに10年程度の中長期的な目標となると、「意識」「動機づけ」「言語」「思考」などのメカニズムや発達過程の解明が掲げられている。いずれも心理学が100年余の歴史の中で研究対象としてきた分野であり、実験や観察、調査という方法を用いて、地道に行動をデータとして収集し、それに基づいて研究が進められてきたことである。ところが急速な脳科学の発展と観測機器の発達は、脳の神経細胞や神経回路の分子細胞レベルでの観察を通じて、そのメカニズムと発達過程を明らかにしようとしている。心理学もこうした動きに無縁ではいられない。最新の知見をいち早く取り入れ、心理学独自の研究方法をさらに発展させながら、関連する先端研究とコラボレートすることで、人間の行動や心的過程の多角的な理解に貢献してゆく必要があろう。

感覚・知覚と情動・動機づけ

1 感覚・知覚

(1) 感覚とは

　私たちは外界とかかわりながら生活している。外界の物理的なエネルギーは、感覚受容器を通じて感覚として体験される。感覚はまず、外部感覚と内部感覚、自己受容感覚に大別される。外部感覚とはいわゆる五感である。すなわち、視覚、聴覚、嗅覚、味覚、触覚（皮膚感覚）である。内部感覚とは口や咽喉、食道、腸、肺などの内臓感覚を指す。自己受容感覚とは筋肉や腱、関節などの運動感覚と平衡感覚を指す。

　各感覚系には固有の感覚受容器が備わっている。視覚では網膜上の光受容体、聴覚では蝸牛規定膜、嗅覚では嗅細胞、味覚では味受容細胞などが各感覚に固有の感覚受容器として知られている。各感覚受容器は、無制限に刺激を把握できるわけではなく、それぞれ刺激を把握できる領域が限定されている。この領域を刺激閾と呼ぶ。刺激閾外の刺激は情報として処理できない。たとえば、私たちは虹を見て「赤・橙・黄・緑・青・藍・紫」という7色は認識できるが、紫よりも短い波長や赤よりも長い波長を色としては認識できない。ちなみに、紫よりも短い波長を紫外線と呼び、赤よりも長い波長を赤外線と呼ぶ。各感覚受容器から生じた神経パルスが大脳皮質や視野などの一次処理閾に伝達されることにより、各感覚が生じるのである。

(2) 知覚とは

　私たちは日常生活の中でさまざまなものを見ている。そうして、「見ているもの」が「現実に存在している」ことをあまり疑わない。しかし、「何かを見る」ということは、「物体から発せられた光エネルギーが網膜を通して脳で処理された像を認識すること」である。「見えないもの」を「闇夜の鴉」とたとえることがあるが、光のない空間では何かを見ること自体が不可能になる。この事実は、「ものが見える」ということは「外部のものそのもの」の直接的な認識ではなく、「脳内に作り出された映像」という間接的な認識であることを意味する。つまり、「知覚」とは「脳の働きによって構成された意識の世界の事象である」ことが理解できよう。したがって「知覚」は大脳生理学的な反応としてだけではなく、心理学の研究の対象になるのである。

(3) 知覚特性

　知覚に備わっている特定の機能を「知覚特性」と呼ぶ。私たちは日常生活の大半を視覚情報の処理によって行っているので、知覚特性としては、視覚に関するものがよく知られている。①図と地　②知覚的群化　③錯視　④主観的輪郭　⑤恒常性　などが挙げられる。

1) 図と地

図 2-1　横顔と杯 (Rubin, E. J., 1921)

　まず、図2-1を見てほしい。この図版は「ルビンの杯」と呼ばれる図版である。この図を見ると、まず「杯」が認識されると思う。ではなぜ「杯」が認識されるのだろうか。私たちが「何か」を知覚するときには、その「何か」を「それ以外のもの」と区別することによって知覚している。これは、「注意したものが浮かび上がり、注意しなかったものが背

景に退く」と言い換えてもよい。この「浮かび上がってくるもの」を「図」と呼び、「背景に退くもの」を「地」と呼ぶ。

　私たちが図2-1を見て「杯」と認識できるのは「図版の白い部分」に注目したからに他ならない。すなわち「白い部分に注目する」ことで、白い部分が図になり、「黒い部分に注目しない」ことで黒い部分が地になったのである。この「白い部分に注目し、黒い部分に注目しない」という処理を行うことによって初めて「杯」が認識できるのである。

　では、「白い部分に注目し、黒い部分に注目しない」のではなく「白い部分に注目せず、黒い部分に注目する」とどうなるのであろうか。杯の中央あたりにあるくぼみの部分を黒い部分の側から見直すと、鼻を認識することができ「向かい合った2人の横顔」を認識することができる。この場合は、黒い部分である「横顔」が「図」になり、白い部分が「地」になったのである。図と地の関係上、「横顔」と「杯」を同時に見ることはできない。図と地の特徴として、1）図は形を持つが、地は形を持たない。　2）2つの領域の境界線は輪郭線として図の側に所属し、地は図の背後に広がっているように見える。図はまとまりを持ったものとして認識され、地は拡散したものとして認識される。　3）図は地よりも色が堅く、密でしっかりと定位される。　4）図は地よりも観察者の知覚に定位される。　5）図は注意を引きやすく、地は注意の対象になりにくい。ということが知られている。

2）知覚的群化

　私たちは複数の図を同時に見たときに、それらをばらばらなものとしてではなく、相互にまとまりを持ったものとして認識する。このまとめ上げる働きを群化と呼び、知覚における群化を知覚的群化と呼ぶ。群化の要因をゲシュタルト心理学のウェルトハイマーらがまとめている。具体的には、(1)近接：時間的空間的に近いものがまとまって見える。(2)類同：色や大きさ、形などが類似したものがまとまって見える。(3)共通運命：ともに動くものにまとまりを持たせて認識する。(4)客観的態度：図形が継時的に提示された場合、その時

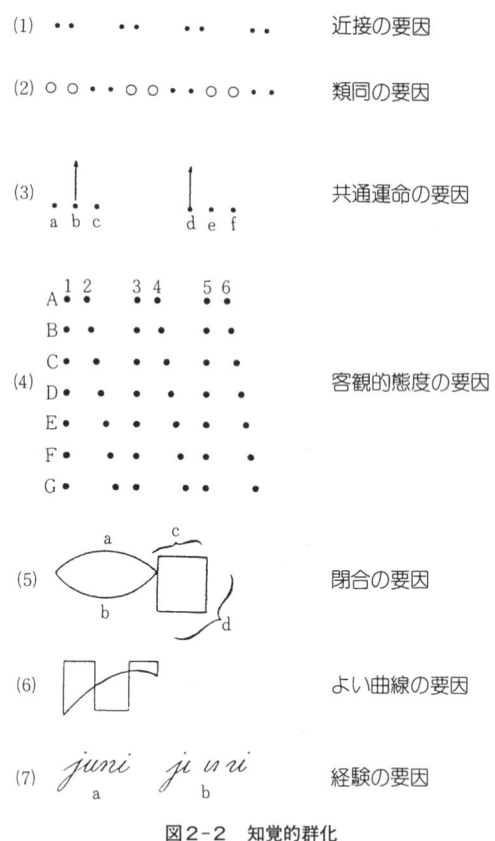

図2-2 知覚的群化

(Wertheimer, M., 1923)

(田中國夫他編『図解心理学―ATLAS』北大路書房、1988年)

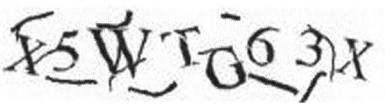

図2-3 「よい曲線」の一例

間的経過の状態によってまとまり方が影響を受ける。(5)閉合：閉じた領域はまとまって見える。(6)よい曲線：滑らかなまとまりを優先させる。(7)経験：

経験が優先される。などがある（図2-2）。

　たとえば、フリーメールのアドレスを登録しようとすると、最後に図2-3のような画面が表示される。これは、人間のみがアルファベットや数字を文字として認識することが可能であるために、表示された文字を入力することが、操作者が人間であることの保証になるからである。「よい曲線」や「経験」が処理できるコンピュータはまだ開発されていない。

3）錯　視

　錯覚という現象の中でも、特に視覚に関係する現象を錯視と呼ぶ。錯視とい

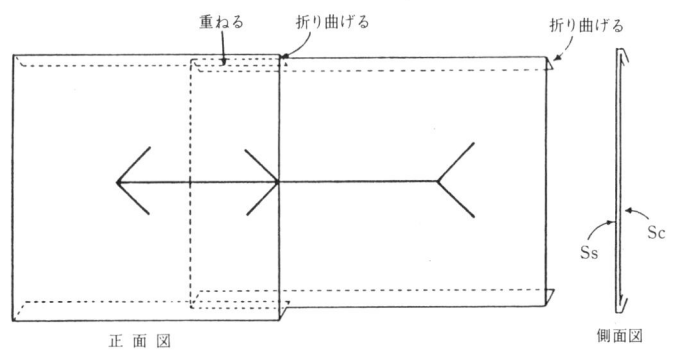

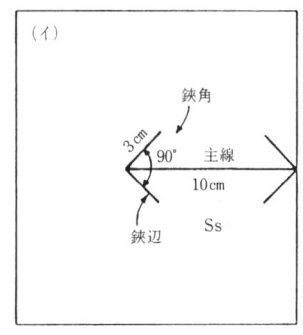

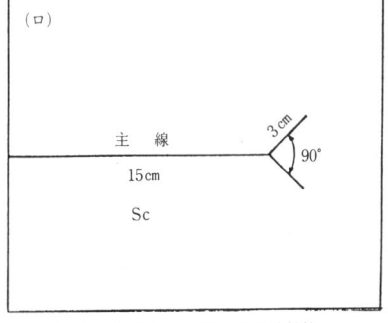

（イ）内向図形，主線の長さが10cmで一定，標準刺激（Ssと略）とする。

（ロ）外向図形，主線の長さを連続的に変化させる。比較刺激（Scと略）とする。

図2-4　ミューラー＝リアーの錯視実験用具の製作例

1　感覚・知覚　　25

図2-5 主観的輪郭
(Kanizsa, G., 1979)

う現象は、知覚される事象との関係と対象との客観的関係とが必ずしも一致しないことを表している。私たちが世界を忠実に写し取ってはいないということの好例である。有名な錯視図形の1つであるミューラー＝リアーの錯視は矢羽の向きが違うことで矢羽間の線分の長さが間違って認識されるというものである。錯視図形は発見者の名前を付けられることが多い（図2-4）。

4）主観的輪郭

図2-5を見てほしい。中央に白い三角形を見出すことができる。私たちが白い三角形を認識できるということは、三角形という形を切り取っているからである。そうして、「三角形を切り取る」ということは、「三角形の輪郭線を想定している」ということに他ならない。しかし、中央の白い三角形を周囲と区別するような線分は引かれていない。つまり、三角形を認識するために、図に書かれていない輪郭線を補って見ていることが理解できよう。この輪郭線を主体的に補うメカニズムを主観的輪郭という。

5）恒 常 性

たとえば友だちと待ち合わせをしているときのことを考えてみよう。あなたは遠くにいる友だちを認識する。友だちもあなたを認識し、友人はだんだんとあなたの方に近づいてくる。カメラのファインダー越しに友人を見ていることを想定すれば容易だと思うが、友だちは近づいてくるにつれ、だんだんと大きくなってくる。これは、友人の接近に従って網膜像が大きくなるからである。しかし、友だちの大きさに関しては「友だちが近づいてくる」と認識して、「友だちが大きくなった」とは認識しない。この情報処理のされ方が恒常性の保持である。恒常性には、大きさ、形、色、明るさなどが知られている。

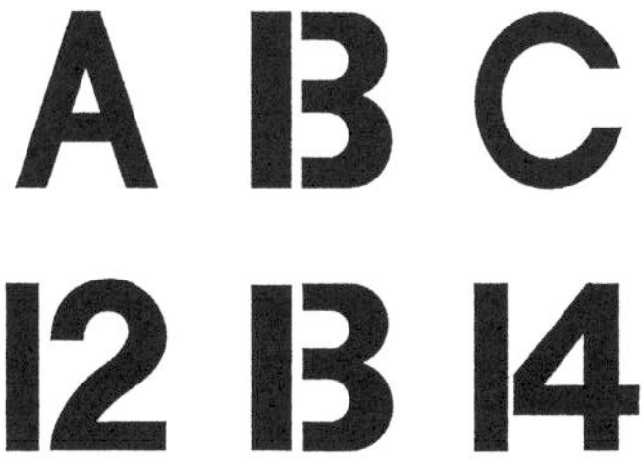

A B C
12 13 14

図2-6　文脈効果

(Bruner & Minturn, 1955)

（4）文脈効果

　図2-6を見てほしい。上段は「A　B　C」下段は「12　13　14」と読める。しかし、上段で「B」と読んだ文字と下段で「13」と読んだ文字はまったく同じ形をしている。上段では前後の状況からアルファベットだと判断し、下段では前後の状況から数字だと判断するために、それぞれ「B」「13」と認識するのである。この事実から、私たちの知覚や認知は当の刺激そのもの以外の要因の影響も受けるということがわかる。このような周りの要因、見る人の知識や期待、過去経験などによって認識が左右されることを文脈効果と呼ぶ。この文脈効果のおかげで私たちはスムーズに文字を認識することが可能になるのである。しかし、文脈効果により、読み間違いや読み落としといったケアレスミスも生じやすくなる。

（5）知覚の処理

　私たちが感覚受容器を通じて入手した情報は大脳で処理される。この処理には、データ駆動型処理と呼ばれるボトムアップ処理と、概念駆動型と呼ばれるトップダウン処理という2つの方向性がある。ボトムアップ処理では、対象の物理的な特徴を分析することで、だんだんと処理水準を上げながらパタンを発見しようとする動きである。一方のトップダウン処理では、文脈効果のように

刺激の知覚情報を総合した分析を行う。これは刺激の処理に、より上位の情報が影響を与えることを意味し、上位の情報から処理水準を下げることでパタンを発見しようとする動きである。私たちが何かを知覚する際にはこの2方向の処理が同時に行われて、より短時間で対象を識別できるようになっている。

（6）注　　意

　私たちの周りはたくさんの情報にあふれている。私たちは自分にとって必要な情報と必要ではない情報を分けることによって日常生活を営んでいる。私たちは注意を向けた対象の情報を多く入手する。この注意の向け方を選択的注意と呼ぶ。

　選択的注意の好例は聴覚刺激に見出せる。大勢の人が集まるカクテルパーティのような騒がしい場所でも、私たちは特定の人との会話を続けることができる。このように、数多くの音の中から自分に必要な音を聞き取ることができることをカクテルパーティ効果と呼ぶ。たとえば、コンサート会場のような周囲が騒がしい状況で、一緒に行った友人と話ができるのもカクテルパーティ効果である。

　カクテルパーティ効果の確認は、同じパーティの様子を録音してみるとよくわかる。高性能のマイクでも使わないかぎり、普通の録音装置で録音すると周囲の音を均一に拾ってしまう。そのため、周囲の話し声や音楽なども同じ重みづけで再生されてしまうので、特定の音を再認することが難しくなる。つまり、私たちは物理的な音の大きさだけでなく、注意を向けるか否かによって自分に必要な情報を入手することができるのである。

2　情動・感情

（1）感情とは何か

　感情は非常に多様な現象であるために、一口で表現することが困難である。

第1に「感情とは、ある特定状況での精神状態を主観的にとらえたものである」といえる。これを「主観的感情体験」と呼ぶ。たとえば、ある人にとっては「快い」と感じる室温が、別の人にとっては「不快」だと感じられる場合を考えてみよう。この場合、どちらが正解とかいう基準はどこにもなく、主観的な差異だけが現前するのである。

また、第2に「感情とは機能的なものである」といえる。これを「生理的興奮」と呼ぶ。たとえば、「怒り」は「戦うための準備状態」であり、「恐れ」は「危険を回避するための準備状態」という側面を持つ。感情は生理的な変化を伴うのである。第3に「感情とは社会的現象である」といえる。これを「感情表出行動」と呼ぶ。私たちは内的なものである感情を、表情や姿勢、発声、調子などさまざまな行動で表現する。そうして、感情を他者に伝えたり共有したりする。このように感情とはさまざまな側面を含んでいるために一義的に表現することが難しい。確実に体験している割に表現しにくいものが感情なのである。

(2) 感情の差異

心理学では感情を表現する用語がいくつか存在する。用語によって微妙にその意味するところが異なるので、ニュアンスの違いを概説してみたい。

1) 感情 (feeling)

感情感覚をあらわす一般的な言葉である。情動の主観的的経験の側面に焦点を当てたものが感情だともいえる。快―不快の一次元上に想定でき、後述する情動よりも強度が低く緩やかなものである。

2) 情動 (emotion)

情動とは情緒ともいわれ、感情が強められたものである。短時間での変化をもたらすが、急激で強烈である。生理的変化を伴う。

3) 気分 (mood)

気分とは比較的弱いものの持続性のある生活感情である。気候や天候、身体の健康状況などにも左右される。

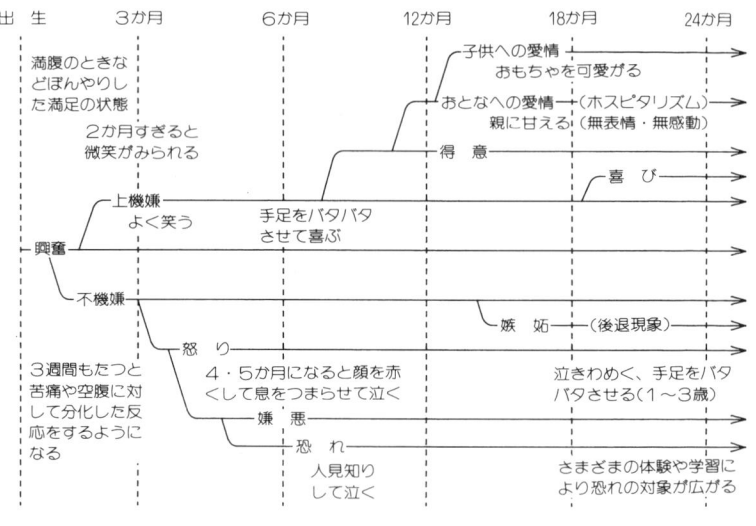

図2-7 情緒の分化

(Bridges, K. M. B., 1932　田中國夫他編『図解心理学 —— ATLAS』北大路書房、1998年)

(3) 情動の分化

　ブリッジェス (Bridges, M. B.) は子どもの表情の観察から、情動の発達はまず興奮から出発し、快―不快（一次的感情あるいは基本的感情）へと分化し、さらに怒り、恐れ、喜びといったさまざまな情動（二次的感情）へと分化するのだと考えた。図2-7を見ると、基本的な感情は2歳までには分化していることが理解できよう。

　情動の発達には成熟や学習、対人関係が大きく影響する。最初に感じられるものは興奮である。興奮は原始的なレベルで身体感覚に近い。未分化な情動を分化させるためには周囲の他者とのかかわりが必要になる。周囲の他者によるきめ細かい言葉かけとそれに応答する形での相互作用によって情緒は分化していく。

　それでは、無数に分化していく情動は、いくつぐらいの基本的な次元から構

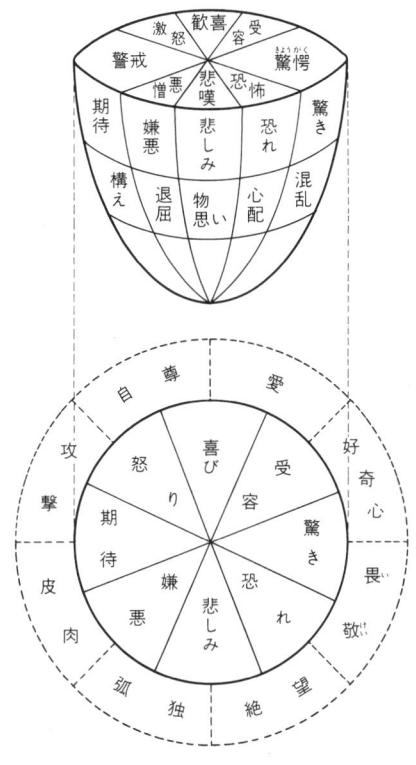

図2-8　プルチックの情動の立体モデル
(斉藤勇『イラストレート心理学入門』誠信書房、1996年)

成されているのだろうか。プルチックは情動の多次元模型と基本情動を示している（図2-8）。プルチック（Plutcik, R.）は情動を、歓喜—悲嘆、受容—憎悪、驚愕—警戒、恐怖—激怒　という4対8つの基本情動と隣接する基本情動間に生じる中間情動から成り立っていると考えた。

(4) 感情の理論

どのように感情が生じるかについては諸説ある。以下に感情に関する代表的

な理論を概説する。

1）進化論学派

感情反応を生命維持や種族保存に必要な基本的・原型的な行動パタンであると考えるのが進化論学派である。新ダーウィン主義の影響を受けて、感情を生存競争の必然性から生じてきた進化の産物であると考える。

2）身体学派

身体的な変化が情動体験の基礎にあると考えるのが身体学派である。身体学派の代表格はジェームズ－ランゲの末梢説である。ジェームズ（James, W.）は「悲しいから泣くのではない。泣くから悲しいのだ。」と考えた。つまり、私たちは行動レベルの生理的な反応から、自分の感情を理解すると考える。たとえば、誰か大切な人との別れを体験したとき、その人のことを思い出して涙が出るという体験を通じて、「あの人は私にとって本当に大切な人だったんだ」と思いを新たにすることを考えてみよう。自分が別れた人をどのくらい大切に思っていたのかを理解する方法は、涙がどのくらい出たかによって後から認識されるのである。

3）神経学派

身体的な変化が重要なのではなく、脳の視床下部が情動体験の基礎で決定的な役割を果たしていると考えるのが神経学派である。神経学派の代表格はキャノン－バードの中枢説（視床説）である。この説では、感情は感覚受容器を通じて得られた情報の解放現象であると考える。解放に際して情動反応と身体反応の2つの伝達経路を考えて、情動反応と身体反応は並列な関係にあると考えた。どちらか一方が他方の原因または結果になっているわけではないという点で、ジェームズ－ランゲ説とは大きく異なる。

4）認知学派

物事をどのように取り込むのかを「認知」と呼ぶ。感情は認知の影響を多く受けると考えるのが認知学派である。感情は、生体が受容した外部環境の変化や体内環境の変化を過去の記憶や体内環境に照合して行う認知的評価に基づい

ていると主張する。たとえば「つり橋実験」と呼ばれる実験がある。この実験は「つり橋を渡った後に声をかけてきた異性に対して好印象を抱きやすい」という結果をもたらした。これは極論すれば「つり橋を通過した直後のドキドキ感」と「魅力的な異性を目の前にしたドキドキ感」について、生理的なレベルでは違いがないということを意味している。つり橋を通過した直後の恐怖感を、魅力的な異性を目の前にした興奮と間違って帰属させてしまうのである。生理的覚醒に対する意味づけをどのように行うかという認知が体験に影響を及ぼす好例である。

3　動機づけ・欲求

（1）動機づけと欲求

　人はなぜ行動をするのであろうか。この「なぜ」の探求が動機づけである。行動の原動力として想定される、「～をしたい（したくない）」という気持ちのことを「欲求」という。そうして、欲求を含めて行動を直接的に引き起こす原動力を総称して「動機づけ」と呼ぶ。ある行動を生じさせ、目標へと向かわせ、行動を持続させる力が動機づけである。行動はすべてなんらかの動機から生じていると考えることができる。

　動機づけに関しては、内発的動機づけと外発的動機づけに大別できる。内発的動機づけとは、報酬の獲得とは無関係で、動機づけそのものが行動の目的になるものを指す。たとえば、「学ぶことが楽しいから勉強する」というのは、知的好奇心に基づく内発的動機づけである。他方の外発的動機づけとは、報酬の獲得のために手段として用いる動機づけである。たとえば、「褒められるから勉強する」というのであれば、勉強そのものが楽しいのではなく、褒められたいという欲求を満たすための手段として勉強をするという行動が選択されているのである。

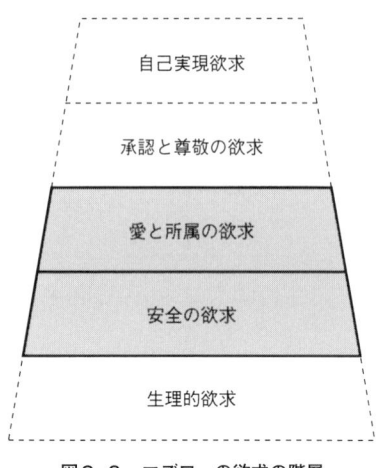

図2-9 マズローの欲求の階層
（田中國夫他編『図解心理学―ATLAS』北大路書房、1998年）

（2）動　機

　基本的に個体には外的環境にかかわりなく、内部的な安定性を維持しようという傾向を持っている。この恒常的な内的状態を維持する力のことをホメオスタシスと呼ぶ。ホメオスタシスに不均衡が生じた場合、均衡を図るために生理的活動が生じる。暑いときに汗が出る、寒いときに体が震えるというような生理的事象がそうである。

　動機をさらに分類すると、一次的動機と二次的動機に分類される。一次的動機とは、生得的に備わっているものであり生理的動機とも呼ばれる。二次的動機は経験に基づいて構成されるものであり、社会的動機とも呼ばれる。生理的欲求は三大欲求ともいわれる。三大欲求とは、睡眠欲、食欲、性欲である。この欲求は人間という種を存続させるために、本能に近いレベルで備わっている欲求である。それに対して社会的動機とは、愛情を得たい、人から承認されたい、出世したいなどという社会的な欲求である。

(3) 欲　　求

　欲求が階層構造を持つと考えたのがマズロー（Maslow, A. H.）である。マズローは人間の欲求を階層的に考え、欲求階層説と呼ばれる欲求の理論を構築した、以下に述べる５つの欲求を想定した（図2-9）。

① **生理的欲求**：飢えや渇きといった生理的な基礎を持つ欲求。
② **安全の欲求**：安全や安定、依存、保護等を求め、恐怖や不安、混乱からの回復を求める欲求。
③ **愛と所属の欲求**：他者との愛情に満ちた関係を求め、なんらかのまとまりを持った集団に所属したいという欲求。
④ **承認と尊敬の欲求**：自己に対する高い評価や自尊心を持ち、他者から賞賛を得たいと思う欲求。
⑤ **自己実現の欲求**：自分が潜在的に持っているものを実現しようとする欲求。

　①〜④の欲求の動因を欠乏動機と呼び、⑤の欲求の動因を成長動機と呼ぶ。足りないものを埋めようとする欠乏動機は、外部から他者によって補完されなければならないのに対し、自己実現を目指そうとする成長動機は自己充足的である。また、欠乏動機は達成されればそれ以上動機づけられないが、成長動機は達成されればさらに次の動機づけにつながる。「衣食足りて礼節を知る」という故事成語があるが、生理的欲求や安全の欲求が充足されて、初めて承認の欲求が動き出すのである。ただし、マズローの欲求段階説は、下の段階の欲求が完全に満たされないと次の欲求が満たされないというのでなく、下の段階の欲求がより原始的な欲求に近いということを表現しているだけである。

(4) 欲求不満

　私たちは１つの目標に向かって動機づけられ、行動を起こす。その行動が阻止されたとき、私たちは欲求不満状態に陥る。欲求不満状態とは、多かれ少なかれ自己の存在が脅かされる体験につながるので、自己にとって耐え切れない

状況である。欲求不満状態に追い込まれると、その状況を回避しようとして人はなんらかの行動をとる。以下に主要な仮説を概説する。

1）攻撃仮説

欲求不満状態に置かれると、人間は攻撃的になるという仮説である。基本的には、自分を欲求不満状態に追い込んだ対象に攻撃性は向かう。しかし、学校や会社で嫌なことが起きたとき、自宅に戻って家族に八つ当たりをすることがあるように、無関係な対象に向かうこともある。

たとえば、満員電車というのは、パーソナルスペースが侵食される経験になるので欲求不満状態に追い込まれやすい。そのために、新聞や雑誌を読む、音楽を聴く、携帯電話を使う、寝るというように自己のパーソナルスペースを確保しようと個々人で工夫するのである。満員電車内は、構造的にパーソナルスペースの確保が困難なために、些細なことがきっかけで対人トラブルが浮上しやすい。ちょっと肩がぶつかったり、靴を踏まれたりすることが大事に至るのは、蓄積された攻撃性が爆発するためだと考えることができる。

2）退行仮説

欲求不満状態に置かれると、人は退行するという仮説である。退行とは、発達段階を遡ることを意味する。前述した満員電車での欲求不満状態の解消の「寝る」という方略は、外部情報をシャットダウンして、引きこもることにより欲求不満状況をやり過ごそうとする試みである。また、子どもに弟妹ができると、下の子に周囲の注目は集まる。そのため、上の子は母親と一緒に寝たがったり、一度はおさまったはずの指しゃぶりやおねしょが再現されたりすることがある。この事象も退行の好例である。

3）異常固定説

欲求不満状態に置かれると、まったく関係ないような固定的な行動に固執するという仮説である。不安が高じると過去に強化された行動に固執する傾向が見られる。何かを確認することがやめられないという確認強迫なども異常固定の好例である。

（5）欲求不満耐性

　私たちは欲求不満状態に追い込まれた場合、欲求不満状態を解消させるように動く。一方で欲求不満状態を耐える力というものも存在する。この、欲求不満状態に耐えうる力のことを、欲求不満耐性と呼ぶ。

　欲求不満耐性とは生まれつき備わっているものではなく、環境とのかかわりの中で学んでいくものである。欲求不満耐性を育むためには、外界に対して受動的なかかわりだけでなく、自分自身がなんらかのことをなしうる存在だという能動的なかかわりが必要である。したがって、幼いころから欲求不満状況を回避するように育てられてきた子どもは欲求不満耐性が備わりにくいといえる。欲求不満状況を耐え、それを乗り越える体験をすることで欲求不満耐性は形成されるのである。

（6）葛　　藤

　葛藤とは同時に2つのことに引き裂かれることである。2つのことに引き裂かれるために、どうしてよいのかわからずに身動きがとれなくなる。

　葛藤状態では、目標を手に入れたい・成し遂げたいという正の誘引に支えられ、目標に対して近づこうとする「接近」と、目標を捨てたい・避けたいという負の誘引に支えられ、遠ざかろうとする「回避」という心の働きの2つを考えて、3つの葛藤状態の類型を考える。

1）接近－接近葛藤

　ともに正の誘引を持った2つの目標に挟まれて選択に迷う場合である。たとえば、昼食時に何を食べようかと考え、和食と洋食のどちらも食べたいと思い迷う場合、2人の人から同時期に告白され、判断に迷う場合などが該当する。

2）回避－回避葛藤

　ともに負の誘引を持った2つの目標に挟まれて選択に迷う場合である。たとえば、努力するのは嫌だが悪い成績をとるのも嫌だという場合、学校に行くの

は嫌だが、家にもいたくないと思う場合などが該当する。

3）接近－回避葛藤

1）、2）とは異なり、同一の目標が正の誘引と負の誘引を持つ場合である。たとえば、貯金をしたいが欲しいものを買いたいと思う場合、ダイエットしたいが甘いものも食べたいと思う場合などが該当する。

（7）防衛機制

危険や不快や不安感を回避し状況に適応するために、習慣的で無意識的な方略をとることがある。この習慣的で無意識的な方略を防衛機制と呼ぶ。本来、防衛機制は自我を守るために発動するため、防衛機制自体に良し悪しはない。しかし、防衛機制に防衛機制を重ねてしまうという悪循環に陥ることで、より困難な事態が生じることもある。そのため防衛機制のメカニズムを理解することは有益である。以下に主要な防衛機制を概説する。

1）抑　　圧

もっとも基本的な防衛機制で、受け入れることが苦痛、あるいは危険であるような衝動、感情、思考が意識にのぼらないように無意識の領域に追いやろうとすること。ただし、無意識に追いやったものは解決されたわけではないので、意識に再浮上しようとするときに、危険信号としてさらに強い不安が生じる場合もある。

2）合 理 化

自分自身の行動を正当化する理由を見つけ出すこと。自分の行った行動の本当の動機や原因を認めてしまうと、自分の欠点や無能さが明白になるので事実を認めるかわりにもっともらしい理由を探して情緒的な安定を図ろうとする。「数学の成績は悪かったけど、英語の成績は上がったからいいんだ」と考えること。

3）知 性 化

感情を意識化しないですむように、知的に処理すること。感情的な混乱や恐怖に巻き込まれることを避けるために表面的な探求になりがちである。「テス

トの結果が悪かったという事実を直視せずに、ここができればあと10点は取れたな」と考えること。

4）反動形成

自分の衝動や願望が行動に現れるのを防ぐために、衝動や願望とは正反対の行動をとること。そのままの形では満足させることのできない欲求を抱いた場合に陥りやすい。「過剰なまでに親切に振舞ってしまう相手を、実は非常に嫌っている」こと。

5）置き換え

自分の衝動や願望をある対象に向けることが困難な場合、抱いた衝動や願望をまったく別の対象に対して向けること。衝動や願望をそのままにして放置しておくと不安や緊張を生むために、なんとかして解消しようとする試みでもある。「医者に対して抱いた不満を看護師に対して向ける」こと。

6）昇　華

社会的に容認されない欲求や衝動を社会に容認される形に変えて表出すること。社会的に容認されにくい欲求の双璧は性的欲求や攻撃的欲求である。「粗暴だった子どもが、努力の末に格闘技の選手として活躍する」こと。

7）否　認

不快な現実の知覚を拒否することで自我を守ること。現実を直視しないという意味で強固な防衛機制であるといえる。「60点しか取れなかった数学の成績を、『別にたいしたことはない』と考える」こと。

8）行動化

衝動や感情を心の中で反芻（すう）する代わりに、すぐに行動に移して発散させること。反芻する作業は忍耐や苦痛を伴うために、それに耐え切れずにすぐに動いてしまうのだといえる。「本当に必要かどうかの吟味をせずに、欲しいと思っているものをすぐに買ってしまう」こと。

9）逃　避

不安を感じさせる状況から一時的に逃れて、その状況の合理的な解決を避け

ようとすること。空想への逃避、現実への逃避、病気への逃避の3種類が想定されている。「試験の前日に勉強をするのではなく、思わず部屋の掃除を始めてしまう」こと。

10) 退　　行

困難な事態に直面したときに、より未成熟な発達的に早期の行動様式に戻ること。「小学生の子どもが欲しいものを買ってもらえないときに、幼稚園児のように駄々をこねる」こと。

Chapter 3 学習・記憶・思考

1 学 習

(1) 古典的条件づけ

　一般に「学習」という言葉から連想されるのは、覚えることやテスト勉強など、暗記系のものであろう。しかし、心理学の世界でいう学習は「経験の結果生じる、比較的永続的な行動の変化」と定義される。この研究のスタートになったのが、中学・高校などの生物の時間にも紹介されるパブロフ（Pavlov, I. P.）の犬の実験だった。

　犬の消化腺機能を研究していたロシアの生理学者パブロフ（1849～1936）は、実験に使われている犬が餌を見ただけで唾液を出すことに注目した。この現象から、観察・実験を繰り返し、餌が口に入ったときの唾液分泌：「無条件刺激」を犬が生まれながら（生得的）に持っている反射：「無条件反射」と呼んだ。また、餌を見るだけで生じる唾液分泌は、犬が餌の知覚という一定の条件と結びつけ獲得する経験であるため「条件反射」と呼んだ。

　つまり、彼はベルの音など他のさまざまな刺激が、唾液分泌を促す条件：「条件刺激」になりうると発見したのである。このように無条件反射（唾液分泌）に無関係であった餌を見る・ベルの音を聴くなどの刺激が無条件刺激と結びつき、無条件反射と同じ反応（条件反射）を引き起こすことを「古典的条件づけ」と呼ぶ。

```
条件づけ以前
    メトロノームの音→唾液に関係する反射は生じない
   (中性刺激)
       餌      →    唾液の分泌
   (無条件刺激)      (無条件反射)

条件づけ
    メトロノームの音を聞かせ、その後餌を与える

条件づけができた後
    メトロノームの音  →  唾液分泌
      (条件刺激)        (条件反射)
```

図3-1 古典的条件づけの過程

(鹿取廣人・杉本敏夫『心理学』［第2版］東京大学出版会、2004年)

　日常生活でも、頭の中にレモンや梅干をイメージしただけで、口の中が酸っぱくなり唾液が出てくる現象がある。これもまた古典的条件づけによるもので、レモンや梅干など口に入れる(無条件刺激)と酸っぱくて唾液がでる(無条件反応)という反応に、レモンや梅干の形が条件づけられたと考えられる。

　ところが、犬に餌を与えず、ベルの音だけを聞かせていると犬は次第に唾液を出さなくなる。条件づけ成立には、餌やベルのような無条件刺激を繰り返し提示する「強化」が欠かせない。強化を伴わずに条件刺激だけを繰り返していくと、「消去」が生じ条件反応は起こらなくなる。

　では、犬に餌やベルに類似した無条件刺激を与えるとどうなるだろうか？犬は同様に唾液を出す。一度、条件づけが成立すると、元の刺激と類似した刺激にまで反応が広がり「般化」という現象が起きる。逆に元の条件反射以外には、反応が起こらない「弁別」と呼ばれる現象が生じる場合もある。

　獲得された条件反射を利用して、新たな条件づけを行うことも可能である。最初にベルの音と餌を対提示して条件づけを行い、ベルの音によって唾液を生じるようにする。その後、犬に新しい刺激(例として丸の描かれた図形を見せて)

を提示し、その後、ベルの音を聞かせる。すると、犬はベルの音を聞くと唾液を分泌する。このような手続きを繰り返すと、丸という図形は唾液分泌の新たな条件刺激となる。これを二次条件づけという。

　行動主義心理学のワトソン（Watson）は、情動が古典的条件づけから成立していることを乳児の実験で説明した。生後11ヶ月のアルバート坊やは白ネズミをペットとし、うさぎや犬も好んでいた。実験初日に実験者は白ネズミを突然バスケットから取り出し、彼に見せた。彼はネズミに手をのばしたが、手がネズミに触れたときに、背後にいたもう1人の実験者が鋼鉄の棒を金槌で叩いて大きな音を立てた。彼は激しく飛び上がって前向きに倒れ、マットレスに頭をぶつけた。さらに同じことがもう一度繰り返された。このとき、初めて彼はしくしくと泣き始めた。この実験は1週間の間にさらに数回繰り返された。その後、アルバートは白ネズミを恐がるようになり、ネズミを見ただけで泣き出し、逃げだすようになった。実験者たちは、白ネズミを条件刺激、棒で金槌を叩く音が恐怖反応を引き起こす無条件刺激、条件刺激の後に無条件刺激を与えることで、白ネズミに対する恐怖反応を生じさせるようにしたのである。以前ペットであった白ネズミは、今や恐怖反応を生じさせる刺激に変わってしまったといえる。その後、アルバートにウサギや犬、白い毛のあるものを見せても泣く、逃げ回るなどの反応が見られたが、これは般化によるものと考えられる。

（2）オペラント条件づけ

　アメリカの心理学者、スキナー（Skinner, B. F., 1938）は、罰や報酬による学習の強化を中心とした「オペラント条件づけ」を発見した。スキナーボックスといわれる箱に空腹のネズミを入れる。ネズミが箱の中でじっとしていると何も起こらないが、箱を探索することで、偶然にレバーを押し、餌が出てくる体験をする。この経験の積み重ねからネズミはレバーを押して餌を食べることを学習する。

　古典的条件づけとの違いは、オペラント条件づけでは、条件づけられる反応

が自発的に生じること、レバーを押すと餌が出るというように反応に強化が伴うことである。子どもがいいことをすればごほうびを与え、悪いことをすると叱る罰を与えるなどのしつけも、オペラント条件づけの理論に基づいていると考えられる。

(3) 観察学習

われわれは人の行動を見聞きし、「あれは良い方法だ」「ああすればいい」と新しい行動を学ぶことが多い。このように他者行動の観察を通して新しい行動を獲得することを、観察学習（社会的学習）という。バンデューラ（Bandura, A）は、モデルとなっている大人が人形に乱暴するビデオなどを3グループの子どもたちに見せた。各グループに①モデルが褒められる、②叱られる、③賞罰なし、の異なったものを見せ、子どもたちを観察した。その結果、モデルが叱られるの見たグループでは乱暴行動が少なくなっていた（図3-2参照）。このように、モデルが賞罰の強化を受けるのを見聞きする代理経験から得られるものを代理強化という。

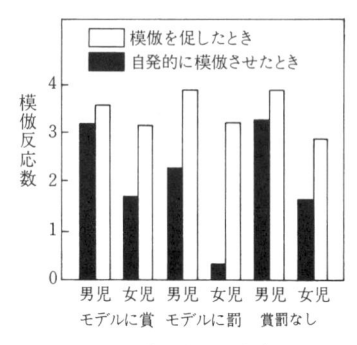

図3-2 代理強化の棒グラフ
(Bandura, 1965)

観察学習の成立には、①学習する者がモデルの行動や結果に注意を向けること、②観察したことを記憶し、まとめて実行できるようにすること、③記憶されたモデルの行動を実行に移すこと、④強化が得られること、の4条件が必要になる。父親の飲酒を見て、酒を飲むようになるなど、日常のあらゆる面で観察学習は行われている。

(4) 学習性無気力

逃げられないように拘束された犬に、苦痛だが致命的でない電気ショックを与え続ける。次に、2つ続きの部屋がある「シャトルボックス」を用意する。

この箱は一方の部屋に入ると電気ショックが与えられるが、もう一方の部屋では与えられない工夫がされている。先ほどの犬を電気ショックの与えられる部屋に入れる。すると犬は隣の部屋への回避・逃避が可能なのに、そのままぐったりと動かなくなった、という実験結果が報告されている（Selingman & Maier, 1967）。これは犬が最初に拘束された状態で電気ショックを受け、この経験から逃げられないことを学習した：「学習的無気力」ためと考えられる。

　セリグマンはこの実験結果から、人間が抑うつや無力感・無気力の状態に陥るのも、どうしても避けることのできない制御不能な負の（好ましくない体験）出来事・状況に置かれたという先行の経験が、その原因にあるとして学習的無気力理論を唱えた。

2　記　憶

「目的地に行くためにバスを使うべきか、地下鉄を使うべきか？」そのような状況に置かれた際に、私たちはどのような基準で自分の行動を決定するだろうか。ラジオの渋滞情報で道路の状態を知ろうとする。インターネットで地下鉄の情報について調べる。電車は混んでいないのか？　料金はどちらが高いのか？　時間はどちらがかかりそうなのか？　友人の話によるとバスの駅よりも地下鉄の駅からの方が目的地は近い……。など種々の情報収集を行うことだろう。

　このように、私たちは周囲の世界（環境）や人とのやりとりで、数々の選択や判断を下しながら行動を決定している。情報収集は判断や選択に必須だが、これらは、その情報をどのように受け止め、認識するか、から始まる。外界からの情報刺激は、眼や耳など、5官（感覚器官）を通して得られるが、それらはさまざまな処理を受け、意識化される。このことで周囲の環境を理解し、自分自身の置かれている状況をも知ることになる。さらに、このように得られたものは、知識として、独特の組織化を経て、整理され、保持され、その後の問題解決や意思決定などに利用される。仮に、上記の例でいえば、バスがより便

利であることを知った「私」は、次に同じ場所に行くときにもバスを使う可能性が高くなるだろう。

このような知的な働きを心理学では総称し「認知」と呼んでいる。ここでは、認知過程の中から、特に記憶について取り上げて考えてみることとする。

記憶の科学的な研究は1885年のエビングハウス（Ebinghaus, H.）に始まるとされるが、長い間、厳密な実験室内の研究が中心とされてきた。しかし、それらの研究成果が、日常的な記憶現象の説明に結びつかないという1978年のナイサー（Neisser, U.）の主張を契機に、近年では日常記憶の研究が重視されてきている。

これまで経験したことをまったく覚えてない、忘れてしまったとしたら、どのようなことが起こるだろうか？　私が誰なのか？　家はどこにあり、いつ生まれたのか？　家族はいるのか？　など、自分という感覚の維持が困難になるだろう。これら記憶の一連のプロセスは、外界からの情報を符号化し、覚え込む過程「記銘」、覚えた内容を「保持」し、思い出す過程「再生（想起）」という3側面から成り立つ。思い出そうとすることが思い出せないという現象は、そのものを思い出せなかったか、覚えたものの、その後忘れてしまったか、忘れてはいないが、うまく取り出せないかのいずれかになる。

また、記憶は過去の出来事だけを問題にしているのではない。「来週の月曜日に試験がある」など、未来になすべき出来事を覚え、それを適切な時点で思い出すという記憶（＝展望的記憶）もある。これらの記憶により、過去から未来へ続く自分というパーソナリティの一貫性が保たれるのである。

（1）記憶の情報処理モデル

我々が日常体験している「覚える」「思い出す」という行為を情報処理モデルから理解しようと試みたのが、アトキンソン（Atkinson, R. C.）とシフリン（Shiffrin, R. M.）である。これは記憶の二重貯蔵モデルといわれる。

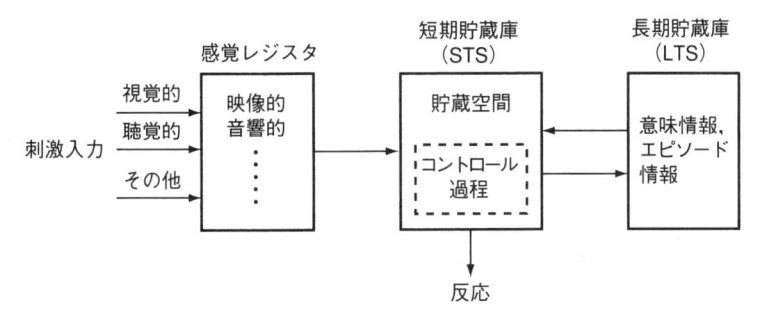

図3-3　記憶の二重貯蔵モデル
（Atkinson & Shiffrin, 1971　吉武光世編『はじめて学ぶメンタルヘルスと心理学』
学文社、2005年）

（2）記憶のプロセス

1）感覚記憶

　外界から感覚記憶に取り込まれた情報は、ほんのわずかな時間で、ほぼ受け取られたままの状態で感覚記憶に保持される。ただし、この記憶に含まれる情報のうち、注意が向けられたものだけが、次の短期記憶に伝達され、その他はすぐに消失してしまう。

　講義の内容が聞こえていても、注意を向けていなければ意識に残らず、その内容について尋ねられても、「聞いていない」という返答になるであろう。

2）短期記憶

　短期記憶に送られたものは、注意（＝リハーサル）を向け続ける限り、保持される。注意を向けなくなったものは、10秒ほどで新たに注意を向けた項目によって置き換えられ、消滅してしまう。

　この記憶に一度に入れておける情報の容量には限界があり、電話番号程度の数を保持することしかできない。ミラー（Miller, G. A.）は、この容量の限界を「7±2個」（マジカルナンバー7）と説明した。数字や文字の羅列を聞かされても一度に覚えていられるのは、7桁程度である。この7±2個は数字や文字とは限

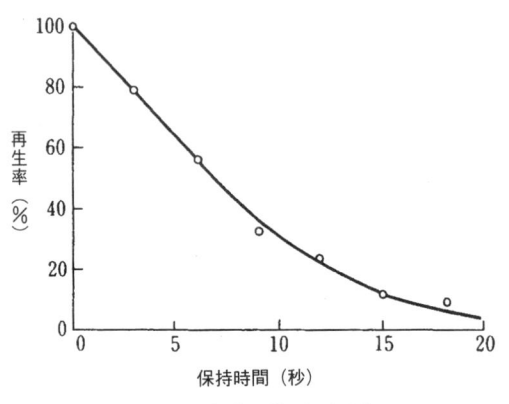

図3-4　短期記憶の保持曲線

（Peterson, 1959、吉武光世編『はじめて学ぶメンタルヘルスと心理学』学文社、2005年）

らず、ひとまとまりの情報処理のユニット（＝チャンク）数であるとされる。たとえば、USAPORKKOREAWATER という文字をそのまま記憶し、思い出すことは難しい。そこで、USA PORK KOREA WATER というように、それぞれ見知っているものにまとめれば、簡単に覚えていられる。この場合、覚える項目は17個ではなく、4個のチャンクであるといえる。7±2個という限界は、チャンクの数を指し、1つのチャンクの中身を工夫し、大きくすれば短期記憶に保持する情報量を増やすことが可能になる。

　リハーサルを繰り返し、短期記憶内に長く留まった情報は、次の長期記憶に転送される。

3）長期記憶

　長期記憶は、情報が永続的に保たれる記憶の貯蔵庫で、容量にも限界がない。何度も繰り返して憶えた九九や自宅の電話番号、子どもの頃の思い出などは、すべてこの長期記憶に貯えられている。しかし、情報が必要な際には、瞬時に探し出されることが望まれ、検索する際に新しい情報によって干渉された場合、その情報は消失されることがある。

また、しっかり覚えたはずなのに思い出せない（再生できない）、出てこないなどの現象は、貯蔵されている情報の検索に失敗したためである。長期記憶に貯蔵されている膨大な情報は、検索が効率よく行われるよう、さまざまな手がかり情報とともに保持されている。

　①昨日、先生と大学で会った、などのように時間的・空間的に特定できる、自分の経験した出来事の記憶を「エピソード記憶」、②韓国の首都はソウルである、のように特定の場所や日付と結びつかない一般的な知識を「意味記憶」という。これに対して、自動車の乗り方、料理の仕方のような、何かのやり方に関する記憶を「手続き記憶」と呼ぶ。

　さらに、読書をしているときに「それ」という代名詞が何を意味するか理解するためには、前に出てきた文章を一時的に保持する必要が出てくる。このようなある課題を遂行する際に使われる一時的な記憶保持を、その作業場的な役割意義から、短期記憶といわずに、作動記憶として区別している。

4）検索：思い出す

① **系列位置効果**：英単語をアルファベット順で覚えて、それらを思い出すとき、覚えた順序系列の最初の部分（初頭効果）と後の部分（親近性効果）の方が、中間部分よりもよく思い出せる。これは、覚えるときの順序そのものが検索時の手がかりとなっているためで、最初や最後は手がかりとしても目立ちやすいためと説明されている。

② **干渉**：記憶した内容どうしが干渉し合い、忘却を早めることがある。記憶が固定するためには、一定時間が必要だが、固定する前に干渉を受けると記憶内容が失われることがある。干渉には、逆向干渉と順向干渉があるが、いずれの場合も類似性が高いほど、妨害は大きくなり、忘却が早まる。たとえば、間にはさまった学習内容が、もとの学習内容を干渉（抑制）し、なにもしないときと比較して忘却が早まるのが、逆向干渉である。逆に、元の学習よりも前に行った学習内容が、元の学習内容を干渉（抑制）し、なにもしないときに比べて忘却が早まるのが順向干渉である。

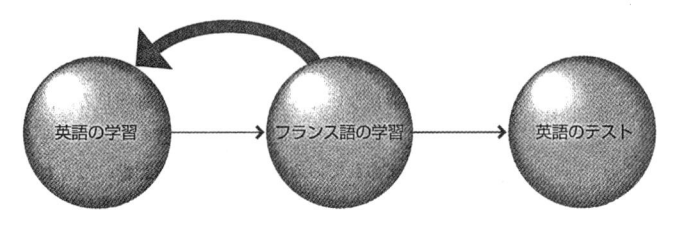

a．逆向干渉（逆向抑制）

間にはさまった学習内容が、もとの学習内容を干渉（抑制）し、なにもしないときに比べて忘却が早まる。

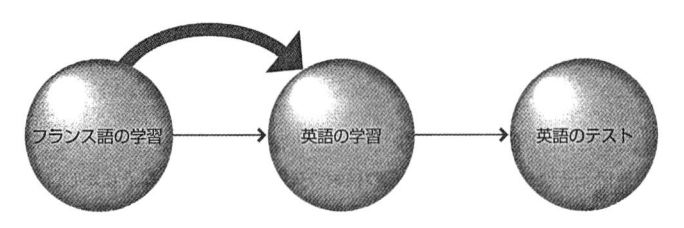

b．順向干渉（順向抑制）

もとの学習よりも前に行った学習内容が、もとの学習内容を干渉（抑制）し、なにもしないときに比べて忘却が早まる。

図3-5　逆向干渉と順向干渉
（長田由紀子「記憶の心理」、長田久雄編『看護学生のための心理学』医学書院、2002年）

3　思　考

　日々の生活の中で私たちは、かつて遭遇したこともない難問を突きつけられて困惑することがある。これを解決するための思考は、人間の営みの中でもっとも「人間らしい」ものであるだろう。このような状況をうまく乗り切れない場合、欲求不満やストレスなどが生じる。ここでは、これら問題解決と、そのプロセスで生じる思考活動の理論的問題を論じる。

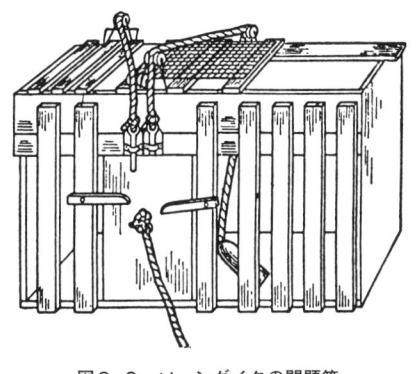

図3-6　ソーンダイクの問題箱
(Thorndike, 1898)

（1）問題解決と思考

　思考とは、生体が問題解決のための新しい手段を見つけて対処する行動を生み出し、支え、方向づける心的プロセスを指す。解決困難な問題に直面した場合、それと類似した別の問題に取り組んだ経験や知識を修正するなどして新しく再体制化、再構造化するプロセスも含まれる。

　新たな問題解決の場面に遭遇した生体が最初に対処する方法は、これまでの反応目録の中から、いろいろな反応を次々に試みることである。ソーンダイク（Thorndike, E. L.）は、ネコを用いた問題箱の実験で、ネコが試行錯誤し、問題解決を試みることを示した。最初、脱出に時間のかかるネコも、試行の繰り返しで失敗につながる反応が除かれ、成功反応だけが確実に生じ、加えて脱出の時間も短くなる。最終的に、でたらめな反応が脱出に有効な方向性のある一定の反応になっていく。

（2）問題解決と洞察

　課題状況が明確に把握できていない解決初期の段階では、でたらめに試行錯誤の反応をいろいろな形で試みる。その結果、次第に行動は、解決に関係のあ

る方向に向き始める。さらに、個体は、特定の仮説（解決に役立ちそうな案）を立て、それをもとに系統的に行動を変化させ、仮説の検証を試みるようになり、反応は秩序だってくる。このプロセスを経て、洞察による問題解決が可能になる。

新たな課題状況に生体が置かれた場合、その状況について認知の再体制化が行われ、生体が問題解決のための手がかりを獲得することを洞察という。ケーラー（Köhler, W.）のチンパンジーの実験では、①目標物に到達するため、通路の迂回を必要とする回り道の状況（→目標物から遠ざかると思える経路が、実際には目標に達する道であること）、②目標物に到達するために介在を必要とする道具の使用の状況（→無縁の対象と思えた介在物が、実際には目標と自分を結びつける手段となること）、③既存の道具では成功しないため、有効な道具を生体自身が作り出す道具の製作の状況（さまざまな材料から、新たな道具を自らの力で製作すること）、の３つの状況を設定し、洞察行動を説明している。③の状況は類人猿には難問であり、人間の子どもの場合も幼児期後期に成功に到達できる。

このような洞察の問題解決は、解決以前に模索的行動が繰り返されるが、解決そのものは突然現れる。解決の糸口や新たなひらめきは、自然に生じてくるものでなく、問題解決初期の段階で、与えられた問題に没頭し、場面の分析を反復して行うことで問題解決の明瞭化や認知の再編成が促進されると考えられている。

（3）問題解決と認知の発達

ピアジェ（Piaget, J.）は、乳児から大人に至るまでの問題解決の能力の発達について研究を行っている。ピアジェの発達段階説によると、生後１ヶ月までの新生児の行動は、その大半が反射的な感覚支配的行動で占められている。「いないないばー」のように、対象物が隠されると、それがもはや存在しないように振舞う。しかしながら、周囲の環境やかかわり、運動能力の発達によって、ガラガラを振って音が出ると、それをまた振って音を出すなどを繰り返す（循環反応）。

2歳になると、外界の物事について知識を獲得し、事物・事象についての簡単な予測的行動が行えるようになる。この時期の終わりには、目の前に存在しないものを思い浮かべる、対象物の永続性などの働きが出現するようになる。さらに2歳以降になると前操作期が、7、8歳頃になると、具体的操作と形式的操作による思考が出現する。

Chapter 4 　発　　　達

1　発達について

(1) 発達とは

　生物である人は、この世に誕生してから死に至るまでの間、心身の機能や構造が変化していくものである。この、時間の経過とともに、変化していく過程のことを発達という。これまで、発達を規定する要因として、遺伝（生得説、先天説）なのか、環境（経験説、後天説）なのかで議論されてきたが、現在では、遺伝と環境が相互に浸透し合い、影響を与え合うことによりもたらされるとする相互作用説が有力である。

　なお、ここでいう遺伝説とは、人はその誕生以前から、すでに祖先が持っている遺伝形質を受け継ぐことで、その素質を発達させることである。また、環境説とは、個体の発達はすべて誕生後の経験によるところが大きいとするもののことである。

(2) 成熟と学習

　遺伝により、自然に現れてくる心身の変化を成熟（maturation）と呼び、これは、変化の進展ぶりやその範囲が、生まれつきの要因により制約を受けている。一方、環境による変化は学習（learning）と呼び、こちらは特別の練習や経験の反復により生じる。

図4-1　刻印づけの臨界期

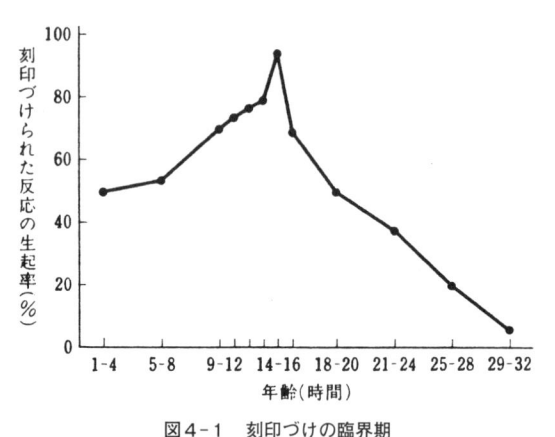

（Hess, 1958　大山正他編著『ホーンブック心理学』北樹出版、1990年）

　学習については、環境が人にもたらす特定の刺激が、限られた時期にのみ効果を発揮する最適期、もしくは敏感期（sensitive period）の存在が指摘されている。

刻印づけ（imprinting）
　刷り込み、インプリンティングともいい、アヒルやカモなどの鳥のひなが、孵化してまもない特定の時期に、目にした動くものの後を追う反応のことである。ローレンツ（Lorenz, K., 1950）やヘス（Hess, E. H., 1958）により報告され、その期間を過ぎると、刺激の効果が認められない、臨界期（critical period）の存在が明らかにされた。現在では刻印づけが、鳥類だけでなく、たとえば、人の親子間における相互認知の事柄にも影響していることがわかっている。

　なお、個体として発生してまもない時期に持つ経験のうち、臨界期における刻印づけのように、後に大きな影響を与え、修正が不可能か、もしくは、とても困難な効果をもたらす経験のことを初期経験（early experience）という。

(3) 発達の法則

人の特質の一つは、それぞれの存在の独自性にある。だから、個人の心身の機能や構造が、質的、量的に変化していく過程は、当然それぞれであってよい。ただし、一般的な傾向として、大枠でくくられるものもあり、これが発達の法則である。以下に代表的なものを挙げる。

① **順序性**：発達は一定の順序や序列を持っている。身体や運動機能についてはわかりやすいが、それだけでなく、言葉や思考、さらには問題解決行動、社会的な行動の発達も該当する。

② **連続性**：変化は断続的、突発的に生じるのではなく、連続的、漸進的に行われる。そこで前の段階での発達は、次の発達になんらかの影響を与える。

③ **方向性**：たとえば運動機能のように、頭から脚部へ、中心部から周辺部へ、さらに、全体に一様で未分化なものから、次第に、特殊で分化したものへ進んでいく。

④ **リズム**：身体の発達をみると、著しく体重が増える時期（充実期）と、身長が伸びる時期（伸長期）があるなど、発達には一定のリズムがあり、いつも同じ速度で展開しているわけではない。

⑤ **個人差**：発達する速度や、可能性の発現する時期、達成の速度など、個人差がかなり大きい。これは、身体的側面（身長、体重、性的成熟など）や、運動機能の側面（這い始め、歩き始めなど）、さらには精神機能の側面（言葉や記憶など）など、いろいろな領域について見られる。

(4) 発達段階

これまで述べてきたように発達は、心身の機能が、連続的に変化していく過程のことだが、実は、斬新的、連続的ではない変化についても、考慮することが必要である。つまり、変化の現れる様子や特徴が、現れる前と後で相互に異質で、あまり関係性が見られないもののことである。発達研究ではこれを、そ

表4-1　ハヴィガーストの発達課題 (Havighurst, 1951)

発達段階	課題
乳幼児期 （0〜5歳）	歩行の学習 話すことの学習 固形の食物をとることの学習 社会や事物についての単純な概念形成 両親、きょうだい、他人に自己を情緒的に結びつけることの学習 正・不正の区別の学習と良心を発達させること
児童期 （6〜12歳）	成長する生活体としての自己に対する健全な態度の養成（健康、清潔、安全に留意する習慣の養成） 同年齢の友だちと仲よくすることの学習 男子（女子）としての正しい役割の学習 読み、書き、計算の基礎的技能を発達させること 良心、道徳性、価値の尺度を発達させること 社会的集団に対する態度を発達させること
青年期 （12〜18歳）	自分の身体に誇りをもち、社会的に承認されている男性的（女性的）役割を受けいれること 両親や他の成人からの情緒的独立 経済的独立に関する自信の確立 職業の選択と準備 結婚と家庭生活の準備 公民的資質に必要な知的技能と概念を発達させること 社会的に責任のある行動を望み、それができるようになること
壮年期	配偶者の選択 子どもの養育 家庭の管理 市民的責任の負担 適切な社会集団の発見
中年期	一定の経済的生活水準の確立と維持 十代の子どもたちが幸福なおとなになれるよう援助すること 中年期の生理的変化を理解し、これに適応すること 老年の両親への適応 おとなの余暇活動を充実すること
老年期	肉体的強さと健康の衰退に適応すること 隠退と減少した収入に適応すること 配偶者の死に適応すること 自分と同年輩の老人たちと明るい親密な関係を確立すること

（川端啓之他著『ライフサイクルからみた発達臨床心理学』ナカニシヤ出版、1995年）

れぞれが独自の構造を持つ区分としての発達段階（developmental stage）とする。

　ただし、現れ方や特徴の、なにに着目するのかにより、当然、区分のあり方

は異なってくる。また、段階から段階へ移行している時間を、どのように考えたらよいのかということもあり、現在さまざまな段階説がある。

発達課題（developmental task）

それぞれの発達段階には、そこで達成しておくと、その後の発達が順調に展開する課題があり、これを発達課題という。ハヴィガースト（Havighust, J. R.）が提唱し、彼は、生物学的、文化的、心理学的基準から、各発達段階に6から10の課題を設定した。

図4-2　運動発達の順序

（シャーリー、1961　参考：梅津耕作他著『教育心理学入門』サイエンス社、1989年）

1　発達について

2 誕　　生

（1）誕生について

それぞれの発達段階を学ぶ前に、まず、誕生について取り上げる。いったい人は、どのような生まれ方をしているのだろうか、そして、我々はそのことから何を考えたらよいのだろうか。

ここでは、他の動物、特に、人と同じである高等哺乳類と比較対照してみることで、人の生まれ方の特質を明らかにしたい。

1）キリンの出産

キリンは立ったまま出産をするため、子どもは胎内から地面に落下してくる。この刺激によって、産声をあげ、その後、母親が子どもをなめてやると、だいたい20分くらいで立ち上がり、さらに、小1時間もすると、走り回るようになる。これに対し人は、自ら動けるようになるまで、おおよそ1年かかる。

2）通常化した早産

しかし、実際のところ人は、普通考えられているよりもずっと発達した状態で生まれている。それは、手足の筋肉や神経の数、成熟の度合いは、他の動物と同じか、あるいはそれよりも進んでいることからも明らかだが、しかし、キリンのようには活動をしない。この特殊性をどう考えたらよいのだろうか。

このことについて、動物学者のポルトマン（Portmann, A., 1951）は、人の赤ん坊の頭が大きすぎることが一つの原因だとした。つまり、とにかく子宮口を通過することをなによりも優先させた結果、人は、早産が通常化し（生理的早産）、ほかの動物では胎生期に行われている発達が、出生後の約1年かけて果たされるのだとした。

3）かかわりの必要性

ポルトマンは続けて、このように誕生してくる人の、生後のおおよそ1年の時期は、この世に存在はしているが、それはあくまでも胎児であるとして、子

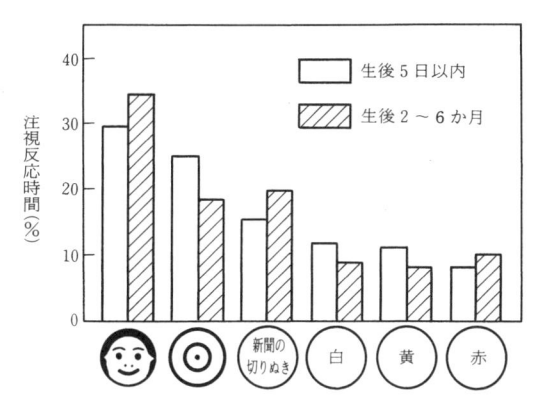

図4-3　乳児の注視（Fantz, R. L, 1963　参考：梅津耕作他著
『教育心理学入門』サイエンス社、1989年）

宮外胎児期と呼んでいる。

　それでは、生命体としてはなはだ心もとない状態で誕生した人は、生きていくために必要な能力を、どのように獲得していくのだろうか。それはいうまでもない。人は、もともと持っている潜在的な力を、自分なりの努力と、そしてなにより、周囲の人々のかかわりによって、開発し、また新たに形成していくのである。このような周囲の人のかかわりを環境としたとき、環境が、人の生に果たす役割はとても大きいのである。

4）教　　育

　さて人は、機能的には未熟な状態で生まれてくるのだが、前述したように、潜在的能力に問題は見られない。だとすると、生まれて後、他者が、いかに適切にかかわるかによって、どのようにも発展する可能性を持っているといえる。このことは、ほかの高等哺乳類には見られない特徴であり、おそらく人が他と較べて、生来の本能的行動に、多く拘束されないためであろう。

　このような人の持つ、驚くべきほどの柔軟さ、これを有効活用するのが文化伝達機能としての教育の使命であり課題である。

（2）有能性と母子相互作用

人は見かけ以上に、有能な存在として誕生している。それは、特定の刺激に対しての反応などからわかり、我々は、かなりの実力の持ち主といってもよいのである。たとえば、注視（集中して見つめる）の様子からは、赤ん坊が、単純な刺激よりも複雑なものを好むことがわかり、特に、人の顔に視点を集めることなどは注目に値する特質である。

つまり、親が子どもを見ると、見られた子どもは親を注視する。その結果、親はさらに子どもを見るという、見事なまでのやりとりが行われる。その重要なパートナーとして、子どもは存在しているのであって、単なる受身的なものではない。そうではなく、能動的に他者にかかわるだけの力を持っているのである。

なお、この積極的に他者にかかわっていく能動性は、言葉による呼びかけの場合でも同じである。

3　発達の様相

（1）ライフ・サイクル (life cycle)

人生周期、または生活周期と訳す。エリクソン（Erikson, E. H.）によると、人は、その誕生から死までを、有機体としてただ生物学的にのみ過ごすのではなく、対人関係のあり方や生活の場なども含め、生涯にわたり変化し続けていく存在である。ライフ・サイクルとは、この変化もしくは期間のことを意味する。

エリクソンは人生周期を、乳児期、幼児期初期、幼児期後期、学童期、青年期、成人期初期、成人期、老年期の8段階に区分し、それぞれに心理社会的な課題と危機を挙げた。

心理社会的危機（psychosocial crisis）
各発達段階に設定された、拮抗し合う特性のことで、先に進むかとどまるか

表4-2 心理社会的発達段階 (Erikson, 1977)

各段階は新しい社会的な視点と新しい危機をもたらす。危機の克服に成功すれば、人間としてさらに成長する。一方の力が過度に他方を制すると、精神発達に障害がもちこまれる。

段 階	心理社会的危機	好ましい結果	好ましくない結果
0歳	信 頼 対 不 信	環境および将来の出来ごとに対する信頼	将来の出来ごとに対する疑惑と不安
1歳	自 律 対 疑 惑	自己統制感と満足感	恥と自己嫌疑の感情
2〜4歳	自主性 対 罪悪感	自発的に行為する能力	罪悪感と自己に対する不満感
5歳から思春期へ	勤勉性 対 劣等感	どのように事が運ぶか、どのように理解するか、どのように組織化するかを学習する能力	理解と組織化のさいに生じる劣等感
青年期	自己同一性 対 同一性拡散	自己をユニークな、統合された人間とみる	自分が実際だれなのか、どんな人間か、ということについて混乱が生じる
成人初期	親 密 対 孤 立	他者とかかわりあい、他者を愛する能力	愛情関係を形成することの不能
成人中期	生産性 対 自己陶酔	家族および社会一般に関心をもつ	自分のこと—自分の幸福と繁栄—だけに関心をもつ
老年期	統合性 対 絶 望	完成感と満足感。進んで死に直面する	生活への不満感。死を予想することによる絶望

(村田孝次『四訂版 教養の心理学』培風館、1987年)

など、段階間の移行に際しての手がかりとなるものである。エリクソンは、たとえば、基本的信頼と不信であれば、前者の獲得が目的だが、そのときうまく対処できなかったとしても、後からの修正や補強は十分可能だとする。

(2) 乳児期から児童期まで

1) 第Ⅰ段階：乳児期 (誕生〜1歳半頃)

基本的信頼―基本的不信

信頼感は、人が生きていこうとするときの基礎的な力である。人は、他者や社会、そしてなにより自分を信頼するからこそ、希望や期待を持って生活できるのである。それでは、この基本的な信頼感はどのように形成されるのだろう。

新生児は、栄養はもちろん、あたたかさや快適さなどへの欲求を、自ら充足

3 発達の様相

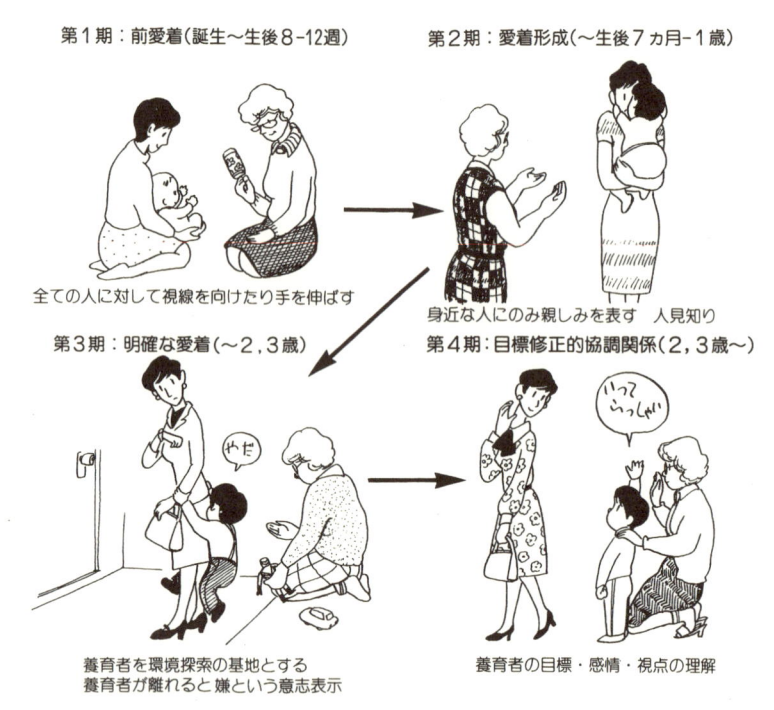

第1期：前愛着（誕生～生後8-12週）
全ての人に対して視線を向けたり手を伸ばす

第2期：愛着形成（～生後7ヵ月-1歳）
身近な人にのみ親しみを表す　人見知り

第3期：明確な愛着（～2,3歳）
養育者を環境探索の基地とする
養育者が離れると嫌という意志表示

第4期：目標修正的協調関係（2,3歳～）
養育者の目標・感情・視点の理解

図4-4　愛着の発達（藤生英行「現代の家族とは」、川島一夫編『図でよむ心理学』福村出版、1991年、参考：繁多進編『乳幼児発達心理学』福村出版、1999年）

することはできない。このような身体的、精神的な安定と安全を確保するためには、子どもにかかわることができる他者の存在と、子どもには、そのような存在が必要であると理解している社会がなければならない。このもとで、適切なかかわりがなされ、自らの欲求が満たされたとき、子どもは、自分をとりまく世界は、自分を受けいれてくれているという実感を持つのである。そしてこの実感がやがて、自己信頼感の形成につながっていく。

　これに対し、周囲の不適切な対応は、子どもに、他者に対する不信感を形成させることとあわせて、受けとめてもらうことのできなかった自分への疑義という課題ももたらす。

愛着（attachment）
　愛着、アタッチメントとは、人（動物）と、他の特定の人（動物）との間に形成される、しっかりした情緒的な結びつきのことで、母親もしくは主たる養育者と子どもとの相互関係が代表的である。特に乳児期におけるものは、子どもの信頼感と安心感の形成に大切である。
　愛着はいったん形成されると、その後も維持、発展しながら生涯続き、対象が拡大することもある。愛着理論を提示したボウルビイ（Bowlby, J.）は、愛着の発達を4段階で説明している。

2）第Ⅱ段階：幼児期初期（1歳半頃〜3歳頃）
自律性―恥、疑惑
　子どもが、筋肉の発達により、自分で行動することや、身体のいろいろな機能をコントロールすることが可能になると、周囲のかかわりも、ただ受けとめるだけでなく、子どもが所属する社会が求める基本的な生活習慣を身につけさせるようになる。これは、トイレット・トレーニング（toilet training）がわかりやすく、他に清潔の習慣、食事や、さらには対人的マナーなどがある。子どもは、これらの練習を通して、欲求をコントロールする意志力を形成し、自分の行動が自分のものであることに気づいていく。
　さて、トイレット・トレーニング場面でうまく排泄ができたとき、人は何を獲得しているのだろうか。それは、自分についての誇りと喜びであり、社会の求める課題にさらに向かおうとする自律の感覚である。しかし、失敗し、周囲から過度の叱責や嘲笑、場合によっては暴力などを受けたとき、子どもは強い羞恥心を感じ、それ以降も、恥に対して過剰な意識をかかえたり、また、自分の能力に疑惑を覚えるようになる。

3）第Ⅲ段階：幼児期後期（3、4歳頃～5、6歳頃）
自主性（積極性）―罪悪感

　この時期は運動能力の発達がめざましく、自分で移動したり、ものを操作したりするようになることから、行動の範囲が著しく拡大する。一方、言語も進歩し、大人とのやりとりが急速に進むことから、子どもの知識は急増し、概念の形成も行われるようになる。

　そこでこれまでに、信頼と自律を学んできた子どもは、生活のさまざまな場面に自主的に参加しようとし、その結果、周囲の人々とのかっとうを経験することも多くなる。そして、そのときの相手との関係において、たとえば、やりすぎてしまったのではないかなどの罪悪感を持つこともあるのだが、このような体験は、子どもが自分なりに目標を設定し、それに向かっていく力を獲得させることにもつながる。

　また、この時期さかんに行われるごっこ遊びなど、両親や大人の役割を想像した遊びを通し、身近な人の社会的な役割行動を取り入れるようになる。社会が期待する性のあり方に気づくのもこの頃である。

性役割（sex role）

　ある文化や社会の中で、男性、女性を特徴づけている思われる特性の集合のことである。3歳頃の、自分の性の理解（基本的な性の同一視）を経て、4、5歳頃身につき始めると考えられる。遺伝や性ホルモンなどの生物学的要因により生じる生物学的な性差（sex difference）との対応や、合理性はほとんどないのだが、人々を一定の枠組みに押し込める拘束力は強い。社会的性としてのジェンダー（gender）とほぼ同義だが、最近は、ジェンダーを用いる傾向が強い。

自己中心性（egocentrism）

　ピアジェ（Piaget, J.）が指摘した、幼児特有の心性で、自分の視点のみから外界を把握すること。①この世に存在するものすべてに生命があるとする（アニ

ミズム)、②思ったことや考えたことは現実の世界に具体的にある（実念論)、③自然にあるものはすべて人間が作ったと考える（人工論）などが考えられる。

4）第Ⅳ段階：学童期（5、6歳頃～12、13歳頃）
勤勉性—劣等感

学童期は、心身の発達が、その前後の時期と比べて比較的安定している。そのため、遊戯期、青年期に見られる、著しく変化していく身体と精神面のバランスの課題は、さほど大きくはない。

この安定感に支えられて子どもは、落ち着いて自然や社会に対する興味や関心を持つようになる。そのような状態の中で経験する学校生活は、それまでの生活とは異なり、生きていく力の形成を目指して、学習活動が中心となるため、子どもは、業績と成功に向けた探求を行い、知識や技術の習得を目指すようになる。

そこでこの時期は、あきらめずにやり通す勤勉さが課題であり、周囲からそのことを承認され、自らも認めることで、自尊感情の形成も可能となる。だが、うまくいかず失敗したときは、劣等感や自己不全感を持ってしまう。

なお、ここでいう技術には、課題を遂行する態度や、社会生活を営むうえで必要な人間関係的なものも含まれる。

学習性無力感（learned helplessness）

何度も問題解決に失敗し続けると、自分には、課題に答えるなんの力もないという無力感を学んでしまう。そして仮に、同じような問題や、もしくはまったく異なる問題を与えられたとき、極端に不安になったり、うつ的になったりする。問題解決のための努力を放棄することもある。

発達加速化現象（development acceleration）

現代青少年に見られる、身体の発育促進傾向のこと。成長加速（growth acceleration）と、成熟前傾（maturity acceleration）の2つの側面がある。前者は、身長や体重、胸囲などの成長増加であり、初潮年齢や精通初発年齢などの低年齢化が後者である。

その結果、成長発達の個人差が拡大したり、身体面と精神面の発達の不均衡などの課題をもたらしている。

(3) 青年期
第Ⅴ段階：青年期
同一性 —— 同一性の混乱

人は、自分の人生を自分らしく生きたいと願う生き物であり、これは、他の動物には見られない、人の特質の一つである。いつ頃から人は、自分そのものに関心を持ち、自分についての探索をするようになるのだろうか。

その大きなきっかけの一つが、青年期に生じる。この時期は、性的な成熟も含め、急激に身体が成長するが、この変化は、良くも悪くも人を揺さぶり、人の意識のあり方に関与してくる。つまり、それまで自分以外のものに向けていた意識が、まず、変容の激しい自分の身体に、それと時を同じくして、身体の持ち主である自分という存在そのものに向けられるようになるのである。

そしてこの時期に、おおよそ幼児期後期から身につけてきたもろもろの成果を、社会との関係の中で検討し、より緻密で本質的なものに分化し、また統合していく。たとえば、自分の人生にとって大切なものはなにか、意味のある生き方とはどのようなものであるかなど、価値観の形成に取り組みながら、職業的見通しをたてたり、所属集団とのつきあいのあり方も検討したりする。これらの作業を通し、本当の自分独自の世界なりを構築することが、エリクソンのいう、自我同一性（ego identity）の確立である。

過去から現在までの自分の流れを認め、そこから未来につながる自分を作り出していくこと、これは、なかなかに大変な作業である。だから、考えても答えが見つからず、自分らしさが見あたらないという同一性の混乱状態（identity defusion）に陥ることもありうるのである。

　自分とは何者か、自分はどのように生きようとしているのか、この問いに対する答えは、たやすく得られるものではないし、おそらく終生自問し続けていくことなのだろうが、それでも自分の拠り所を探し続けていく、その最初の契機が青年期にある。

　なお、この期の年齢による区分は明確ではない。児童期と成人期の中間ということで、一般に、11、2歳頃から始まるとされるが、終わりはいろいろな考え方がある。今のところ、23、4歳頃とするものが多い。

思春期（puberty）

　一般に児童期の終わりの12、3歳頃から15、6歳頃までの身体発育の著しい時期のことを意味する。身体についての課題にどのように対処するかということに加えて、大人と子どもの中間人として、不安定感を持ちやすいことから、情緒的にも動揺しやすく、過敏な反応が多い。自己の内的世界へ関心を持ち始めるのもこの頃である。

モラトリアム（moratorium）

　現代のように価値観が多様化した社会では、青年が自我同一性を確立するためには、かなり長い期間が必要である。そこで、青年には社会における大人としての責任や義務を一時免除され、自由な役割実験を行うことが許されている。エリクソンは、このような状態、期間のことを心理社会的モラトリアム（psychosocial moratorium）とした。

　もともと経済学で、非常事態下における債権債務の決済を延期、猶予する期間のことを表していたものである。

3　発達の様相

(4) 青年期以降
1) 第Ⅵ段階：前成人期 (青年期に続き30歳前後まで)
親密─孤立

若い成人期 (young adult) ともいう。大人としての始まりの時期である。モラトリアムを抜け出し、安定した自分を形成した後、青年期に終始内面に向けられていた関心が、再び外の世界や他者との関係に向かい始める。そして、職業的に自立して、親からの経済的な独立を望んだり、特定の対象と、互いが尊敬しあえる対等さを見失わない親密な関係を作ろうとするようになる。

この関係性の構築がうまくいかないとき、孤独に陥る。

ニート

ニート (NEET：Not in Employment, Education or Training) とは、15歳から34歳までの、職業につくための教育も訓練もしていない非求職者のこと。不安定ながらも生計をたてているフリーターとは異なり、自立への意欲そのものが不明瞭である。

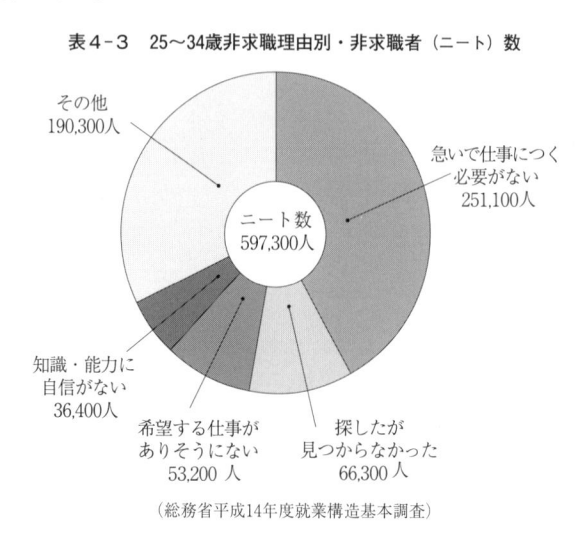

表4-3 25〜34歳非求職理由別・非求職者 (ニート) 数

- その他 190,300人
- 急いで仕事につく必要がない 251,100人
- ニート数 597,300人
- 知識・能力に自信がない 36,400人
- 希望する仕事がありそうにない 53,200人
- 探したが見つからなかった 66,300人

(総務省平成14年度就業構造基本調査)

なお34歳とは、年金受給資格を得られる25年分の保険料支払いが開始できる最後の年齢である。

2）第Ⅶ段階：成人期（40歳を中心とする）

生殖性―停滞性

　ここでいう生殖性とは、ただ、繁殖し子どもを育てることだけを意味しているのではない。独立した個体として、子育てはもちろんのこと、職場や地域などで、活動し生産するということなのである。自分たちが受け取ってきたもろもろのことがらを、次の世代へ継承し、さらに発展させることができる人材を育てていくことである。この活動は、与え育てるだけではなく、この過程からさらに自らも成長していく時期である。

　もしそのような状況が難しい場合、人は心理的に停滞するしかないのである。

中年期危機（mid-life crisis）

　ほぼ40〜45歳頃、人生の前半期から後半期にさしかかる中年移行期（period of mid-life transition）に経験する危機状況のことである。①体力の衰えの自覚、②死と関連して、限られてきた時間展望、③これまで行ってきた決定や選択についての後悔、④家庭や社会における人間関係の変化などが原因とされるが、さらに成熟した人格を目指すための関門ともいえる。

更年期障害（menopause disorder）

　更年期は、40歳半ば頃から50代半ば頃までの、成人期から老年期への移行期のことである。この時期女性は、卵巣ホルモンの分泌が不規則になり、やがて月経閉止期を迎えるが、この生理的変化に伴う身体的、精神的な不快感のことをいう。男性は、急激なホルモンの変化は認められないが、なんらかの不調感は生じやすい。

3）第Ⅷ段階：老年期（60歳頃〜　　）

統合―絶望

　発達の最終段階であり、円熟期である。これまでは、身体機能、精神機能が

3　発達の様相　　71

衰えること、社会的環境や人間関係が変化すること、死が近づきつつあることなどから、否定的なとらえ方が中心であった。しかし、たとえば生物である以上、時間の経過とともに機能が衰えることは当然であるところから、その人に合ったその人らしい生き方をしているのであれば、なにも青年や成人を見る枠組みを使うことはない。

そこで、課題だが、それまでの人生をふりかえったとき、うまくいったこともいかなかったことも含め、全体として受けとめられること、すなわち、絶望ではなく、肯定的に人生をとらえる統合感を発達させることが大切である。

生涯発達心理学（life-span developmental psychology）

これまで心理学は、青年期までの心身の上昇に関する変化を取り上げ、それ以降に触れることは稀少であった。近年、高齢社会の到来とともに、成人期以降についての取り組みも必要になり、その結果、受胎から死までの生涯にわたる心身の発達を扱うようになった。

Chapter 5 性格

1 人格・性格・気質

　青年期という発達段階にある学生にとって、自分の性格というのは非常に関心の高いことである。性格に関する悩みを抱えて、学生相談センターを訪れる学生は多い。

　そもそも性格とは何か。心理学では、性格と似たような語として、人格、気質という語も用いられる。これらはどのように区別されているのか。

　「人格」は、personality の訳語である。外来語として「パーソナリティ」とカタカナで用いることも多い。古代ラテン語の仮面を意味する persona を語源とするもので、この語はさらに仮面の背後の役者を意味するようになったともいう。「性格」は、character の訳語である。こちらはギリシャ語($\chi\alpha\rho\alpha\kappa\tau\eta\rho$)を語源としており、元来は彫刻の意味であったという。いずれも同じような意味で用いられることが多いが、ニュアンス的には違いがある。それぞれの語源が示すように、personality は行動や表面的性質を強調し、character は内面の基礎構造のようなものを強調する語となっているが、訳語であるはずの「人格」と「性格」は、原語のニュアンスと少々違った用いられ方をしている。「性格」の方が行動のような表面的性質を示し、「人格」はそれに加えて、内面的な性質をも含む全体的な性質を示しているようである。さらに、知的能力や道徳のような価値観も「人格」には含まれることがある（「人格者」という使用法など）が、

「性格」にはそうした意味合いはない。一方「気質」は temperament の訳語で、性格のうちで遺伝的あるいは生理的要因に強く規定された性質であり、「人格」が作られる原料にあたるものである。

このように、厳密な意味ではさまざまに違いがあり、それを理解しておくことは重要である。ただし便宜上、本章ではこれらをあわせて、より日常語に近い語である「性格」として、以下記述することにする。したがって、ここでいう広義の「性格」は、外部から観察可能な、行動に代表される表面的性質に見られる共通したパターンであり、同時に、「個人のなかにあって、その人の特徴的な行動と考えとを決定するところの、精神身体的体系の動的組織」（オルポート、Allport, G. W., 1968）であるという二面性を有するものである。

2　類型論と特性論

性格研究の方法は、大きく2つに分かれる。それぞれ、類型論と特性論といわれる。類型論は、いわゆるタイプ分けのことであって、性格にはどのようなタイプがあるかを明らかにした上で、ある人の性格はどのタイプに近いかを判断する方法である。Aさんは〇〇タイプ、といった判別をすることになる。一方、特性論とは、性格というものをつくる細かい要素を明らかにした上で、ある人について、それらの要素を分析・測定し、その組み合わせによって、その人の性格を記述する方法である。たとえば、Bさんは外交的で協調的で誠実な人、などというような理解の仕方となる。

（1）類型論

性格を分類しようとする試みは、古くから行われてきた。紀元前5～4世紀、ギリシャのヒポクラテスは、宇宙の元素（風、火、地、水）と対応する形で、体内に血液、胆汁、黒胆汁、粘液の4つの体液があると考えた。2世紀になるとガレヌスが、それぞれに対応する気質として多血質、胆汁質、黒胆汁質、粘液

質という分類を考えた。多血質は陽気、胆汁質は短気、黒胆汁質は憂鬱、粘液質は冷静という特徴をそれぞれ有する、とされた。体液説が否定された後も、この分類法は長らく用いられた。

　その後20世紀になっても、こうした伝統を踏まえるかのように、類型論はヨーロッパ大陸において発達した。ドイツの精神医学者クレッチマー（Kretschmer, E.）は、臨床上の経験を通して、精神障害者と体型との間に以下のような対応関係を見出した。躁うつ病の人は肥満型が多く、分裂病（現在では統合失調症）の人は細長型が多いこと、てんかんの人と闘士型（筋骨型）との間にもある程度の関係があることである。そしてこの傾向を健常者にも適用して、躁うつ気質、分裂気質、粘着気質（てんかん気質）という類型を想定した。躁うつ気質は、社交的で躁的状態とうつ的状態が交互に現れる気質で、循環気質とも呼ばれる。分裂気質は、非社交的で過敏な面と鈍感な面とを持つ気質であり、粘着気質は誠実で忍耐強いが爆発性もある気質、とされている。

　精神分析の祖、フロイト（Freud, S.）は、彼の性的発達論に基づき、独自の類型化を行った。彼は、発達の途上において性的エネルギーであるリビドーが充足される身体部位が変化していくとして、各発達段階にその名を冠して、それぞれ口唇期、肛門期、男根期、潜伏期、性器期と呼んだ。そして、いずれかの時期に欲求不満が生じるなど問題が起きた場合、その段階で停滞して「固着」が生じ、固有の性格を有すると考えた。口唇性格は、吸うことが主である口唇期前期に固着した場合、何事も自分の中に取り入れようとする性格を示し、また、噛むことが支配的となる口唇期後期に固着すると、前期の特徴に加えて攻撃性をも示すという。排泄が主要なテーマとなる肛門期に固着した肛門性格は、倹約、頑固、几帳面などを特徴とする。同性の親に同一視することが求められる男根期に固着した男根性格は、自己顕示欲が強く、他者との優劣を過度に気にするという。これらの性格はいずれも、なんらかの神経症的な傾向を有するが、それに対しライヒ（Reich, W.）は健康な人の性格として、性器性格を挙げた。彼によれば、性器性格とは、潜伏期を通じて表に出なかったリビドーが、性器

期に身体部位にかかわるのではなく、全体として統合して現われた場合の、健全な性格であるという。

　また、同じく精神分析の流れをくむスイスの分析心理学者ユング（Jung, C. G.）は、心的エネルギーの向かう方向（外・内）によって、外向性と内向性という2種の一般的態度を想定した。さらにエネルギーの機能面に着目し、何かの判断を下すという合理的機能としての「思考」と「感情」、何かを自分の内に取り入れるという非合理的機能としての「感覚」と「直観」とを考えた。彼は、「思考」「感情」「感覚」「直観」の心理機能それぞれについて「外向性」「内向性」の2種があるとして、あわせて8つの基本類型を示した。

　またドイツの哲学者・教育学者であるシュプランガー（Spranger, E.）は、生活形式による理念的な類型化を試みた。彼は、「理論」「経済」「審美」「宗教」「権力」「社会」という6種の生活の基本的な領域を設定し、そのいずれにもっとも価値を置いているかによって、6種の類型を考えた。

　類型論の優れた点の第1は、性格を簡潔に記述できることである。性格の特徴的な部分をとらえて、それを類型の名称に用いるため、ある個人の性格を直感的に理解するような場合、理解が容易となる。第2は、人間を独自性を持った全体と考え、さらに小さな部分に分けたりしないため、その人の全体像を把握しやすいことが挙げられる。

　一方短所としては、まず、類型に分けるという作業にどうしても主観が混入する点が挙げられる。つまり検査者によって、ある人の類型が異なった結果となってしまう可能性がある。第2に、性格の一部分を強調しすぎるため、他のこまかい性質が無視される傾向がある。類型に関連する特徴には注目されても、それ以外の特徴に焦点が当たらないことになりやすいのである。第3に、いずれかの類型に当てはめて考えるため、それに当てはまらない人や、類型と類型との中間的な性格を持った人について対応できない。それぞれ多様な個性を持った人間を、少数のタイプに当てはめるという作業は、無理を伴う作業であり、そこからあぶれてしまう人たちの扱いが難しい。そして第4の短所は、類型論

には性格を不変のものとみなしやすい傾向があることと関係している。実際には人の性格—そしてその元となる行動—は、時間の流れに伴い変化する動的な面を有するのであるが、一度類型化されると、その類型は一種のレッテルのように作用してしまうということがありうる。

（2）血液型による性格類型のウソ

　類型論のひとつとして、血液型による性格類型がある。血液型分類と性格との間に、なんらかの関連があるという考えが、広く信じられているようである。実際、私はA型だからどうこう、という類の会話を日常的に耳にする。しかしながら、血液型と性格との関連を証明するような、統計的な手続きがきちんとなされた研究は存在していない。ならば、我々はなぜ、血液型によって性格が類型化されると考えるのだろうか。こうした傾向を、大村（1998）は、フリーサイズ効果、ラベリング効果、インプリンティング効果という3つの効果で説明している。

1）フリーサイズ効果

　誰もが合ってしまうフリーサイズの服のように、血液型別の性格に関する記述が曖昧であることから、誰もがそうした性格類型に当てはまってしまうように感じるということ。

2）ラベリング効果

　血液型というラベルが貼られていることで、実際には性格に関して多様で幅広い記述がされているにもかかわらず、ひとまとめにして、固有の性格類型であるかのように判断してしまうこと。

3）インプリンティング効果

　インプリンティングとは、生まれて間もない鳥のヒナが、初めて見たものを母親であると思い、後を追うという習性を指す語である。ここでいうインプリンティング効果とは、血液型に関する性格類型について、さまざまな機会に繰り返し聞いているうちに、自分の血液型に該当する性格類型を信じ、それに即

した行動をとるようになるということである。

こうした効果によって、血液型による性格類型を信じることが、人の持つ本来の個性の発揮を阻害する可能性を有することは、想像に難くない。さらには、血液型によって性格が、あるいは能力までもが異なるという、血液型性格類型に関する誤った考え方が、人種偏見や特定血液型への差別（就業や昇進の機会の剥奪など）と結びついてきたという暗黒の歴史もある。血液型と性格類型についてのこうした迷信には、くれぐれも注意が必要である。

（3）特性論

性格をいくつかのタイプに分ける類型論とは異なったアプローチに、特性論がある。個人の性格は複雑で、いろいろな側面を持っている。性格というおおまかな個人の特徴を構成している、こうした個々の側面を特性と呼び、性格を複数の特性に分けて分析し、その程度をそれぞれ測定し、特性の組み合わせに

表5-1　キャッテルの16の因子と通俗的名称
(Cattell, 1965／1975)

因子A（情感）	開放的な―打ち解けない
因子B（知能）	高い知能―知能の低い
因子C（自我強度）	安定した―情緒的
因子E（支配性）	主張的―けんそんな
因子F（衝動性）	気楽な―生まじめな
因子G（公徳心）	良心的な―便宜的な
因子H（大胆）	大胆な―内気な
因子I（繊細）	テンダー・マインド―タフ・マインド
因子L（猜疑心）	疑い深い―信頼する
因子M（空想性）	想像的な―実際的な
因子N（狭猾）	如才のない―率直な
因子O（罪責感）	気遣いの多い―穏やかな
因子Q1（抗争性）	何でも試みる―保守的な
因子Q2（自己充足）	自己充足的―集団に結びついた
因子Q3（不安抑制力）	統制された―行き当たりばったりの
因子Q4（浮動性不安）	緊張した―リラックスした

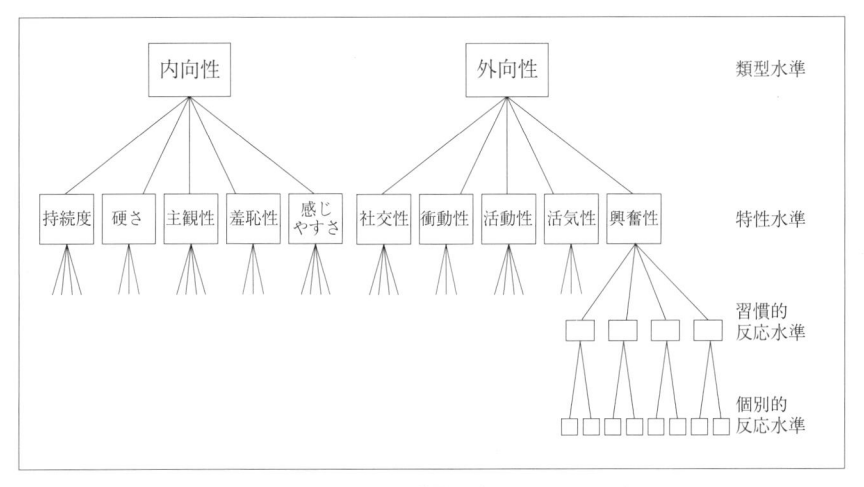

図5-1 アイゼンクの階層モデル（Eysenck, 1960）

よって個人の性格を描き出そうとするのが、特性論である。個人主義・能力主義の風潮が強い英米で、盛んに論じられている。

　たとえばキャッテル（Cattell, R. B.）は、人の性格特性を表す多数の言葉を、因子分析という手法によって統計的に分析して、12の因子を抽出し、後にさらに発展させて、16の因子からなるテストを考案している（表5-1）。

　ドイツ生まれで後にイギリスに渡ったアイゼンク（Eysenck, H. J.）は、特性論の因子分析的手法をユングの類型論と結びつける独自の理論を打ち立てた。彼は、精神医学的診断、質問紙検査、実験的動作検査、生理的測定の4種のデータを用い、因子分析によって4つの水準で因子を抽出し、それぞれ、日常生活で表出する「個別的反応」、それらが習慣となった「習慣的反応」、習慣的反応のまとまりとみなすことのできる「特性」、特性が体制化された「類型」と名づけた。それらの各水準の因子をピラミッド状に図示したものが、図5-1の階層モデルである。

　またクロニンジャー（Cloninger, C. R.）は、パーソナリティを気質と性格とに分け、それぞれ4次元と3次元の下位次元を想定している。気質は遺伝的なも

ので、新規性追及、損害回避、報酬依存、固執という4次元であるという。また性格は、自己概念について洞察学習することによる自己認識で、自己志向、協調、自己超越の3次元である。当初は気質に依存していた行動傾向が、徐々に性格によって調節され、両者が相互に影響し合いつつ発達する、とする。また気質の4次元と、中枢神経内のドーパミンやセロトニンなど神経伝達物質の分布と代謝との関連性に関して、さまざまな実証的研究成果があがっており、遺伝子レベルでのパーソナリティの研究に道を開くものとしても期待されている。(木島、2000)

　特性論に関しては、想定される特性は研究者によってまちまちであり、その数すら一致していない、という状況がある。しかし、多くの研究における性格特性の内容を見渡すと、共通して記述される、ほぼ独立した5つの領域が浮かび上がる。特性5因子モデルともいうべきもので、「ビッグ・ファイブ」と呼ばれている。ビッグ・ファイブに関しては複数の研究があるが、中でも広く引用されているのは、コスタとマックレー (Costa, P. T. & McCrae, R. R., 1992) によるもので、それぞれ「外向性」「調和性」「誠実性」「神経症的傾向」「経験への開放性」という特性である。

　特性論の長所としては、第1に、性格の微妙な個人差を検査し記述することができることが挙げられる。類型論では無視されるような、細かな差異についても、数値等で示すことができるのである。第2に、その数値化にかかわることであるが、結果を統計的手法などの数量的研究方法によって分析することが可能だという点である。さらに第3の長所として、主観的な分類とは異なり、検査の過程が客観的であることが挙げられる。得られたデータについて、誰が分析を行っても、同じ結果が得られることになる。

　一方短所は、まず特性論の特性として挙げられている因子が、研究者間によって一致していないという点である。ビッグ・ファイブの登場によってある程度、特性の共通性に関する理解は進んだが、それでも研究者間に、因子数の違いやその意味の差が厳然として存在する。そして第2に、抽出した因子が、性

格のすべての特性を網羅しているかという問題が指摘される。第3に、特性論の結果は個人のプロフィールの形で示されるが、性格を部分に細分化するこうした表示が、その人の全体像を直接示すものではない、という点が挙げられる。特性論では、結果から直感的に、その人がどのような人であるかを理解することが難しい。さらに、ある人が持っている独自の個性のようなものを測定することができないことも難点といえる。

（4）一貫性論争と相互作用論

性格に関する多くの研究は、性格理解の元になる行動を一貫したものとみなし、その原因となる要因を探ろうというアプローチをとっている。それに対しミッシェル（Mischel, W., 1992）は社会的学習理論の立場から、人の行動—ひいては性格は、その時々の状況によって大きく影響を受けると主張し、以後20年余の長きにわたる論争を引き起こした。この論争を通して、性格の一貫性は、人と状況との相互作用によって生じており、性格の理解のためにはこうした相互作用に注目する必要がある、ということが明らかになった。エンドラー（Endler, N. S.）らにより、内的要因と外的要因が複雑に影響をし合うと考える相互作用論が提唱されているが、現在のところ、類型論や特性論を超えるような性格理論としての広い支持を得るまでには至っていない。

3　性格の測定

性格を測定し、理解するための方法には、さまざまな方法があるが、一般によく用いられるのは、観察法、面接法、検査法である。

（1）観　察　法

観察法は、個人の性格をありのままに観察して理解する方法である。自然な状況での観察が望ましいため、本来はその人が普段生活している状況の中で観

察する（自然観察法）のが望ましいが、観察したい場面や事象があまり起きにくいようなものである場合や、観察実施上のいろいろな制約のため、それが難しい場合には、その人の行動が現れやすい状況を人為的に作り上げて観察する（実験観察法）ことが必要となる。後者の場合でも、日常の生活場面とあまりにかけ離れてしまうことのないように（生態学的妥当性への配慮）、状況設定をする必要がある。

　現象を選択する方法としては、場面サンプリング法、事象サンプリング法、時間サンプリング法が用いられる。場面サンプリング法は、なんらかの場面を選択して、その場面全体を観察する方法である。たとえば食事場面や、砂場遊びの場面など、といった具合である。事象サンプリングは、前もって設定したある特定の出来事が起きたとき、それを観察する方法である。たとえば、他者との葛藤の場面を、その発生から一連の流れとして観察し記述する、などである。

　時間サンプリング法は、特定の時間帯を設定し、その間にどのような行動が生じたかを観察して記述する方法である。定期的に観察をくり返し行うことで、数量的なデータを収集し、客観的に分析することも可能となる。

　現象を記述する方法としては、行動をそのまま文章で記述する行動描写法、前もって観察対象となる行動を設定し、それが生じたか否かを観察するカテゴリー・チェック法、同じく前もって特性などを設定しておいて、それぞれどの程度あてはまるかを数直線上の数値などで評定する評定尺度法、などがある。

　観察法の場合、観察者の関与が観察結果に大きな影響を与える。こうした関与の度合によって、非参加型観察法、非交流的参加型観察法、交流的参加型観察法、アクション・リサーチ法に分けることができる。まず非参加型観察法は、観察者が被観察者とまったく交流をしない方法である。マジック・ミラー（一方からのみ見ることができ、逆方向からは鏡となっているため、被検査者は見られていることがわからない）や遠隔操作固定カメラ・録音機などを用いて、観察者は姿を見せずに観察することになる。ただし、被観察者の許可を得ずにこうした方法を

用いることは倫理的に問題があるため、実施にあたっては配慮が必要となる。
次に、非交流的参加型観察法である。観察者は、被観察者のいる状況とともにあって、なるべく直接のかかわりはしないよう心がけつつ、観察をすることになる。交流的参加型観察法は、同じように被参加者とともにあって、特に関与しないように心がけたりはせず、普通に交流しながら観察をするということになる。アクション・リサーチ法は、前もって明確に決められている関与を観察者が積極的に行い、その反応を観察し記述するという方法であり、実験観察法でよく用いられている。交流の度合いが増せば、当然、被観察者の行動に与える影響の度合いも増加するので、結果を記述し解釈する際には、この点を十分に考慮しなければならない。

　いずれの観察法にも共通することであるが、以下の諸注意が必要となる。まず、観察者のかまえや思い込みである。観察者はニュートラルな態度で観察することが望ましいが、被観察者に対するある種の見方や、自分なりの仮説からまったく自由であることは不可能である。そうした心理的かまえや思い込みが、観察結果に影響を与える可能性がある。次いで、光背効果である。被観察者のある一部分の望ましい特徴なり、逆に望ましくない特徴なりが顕著であると、その特徴に引きずられて、観察結果が全体としてよい方向あるいは悪い方向へとシフトしてしまう、といった現象である。さらに、被観察者の行動を全般によい方向に理解しようとする寛大化傾向や、複数の人物がいる場合に、観察対象でない人と比較し、相対的な記述をしてしまう対比効果なども、注意すべき点として挙げられる。

(2) 面接法

　面接法は、性格を理解するために直接会い、必要な質問をしてそれに答えてもらう方法である。単に答えた内容だけで理解するのではなく、そのとき被面接者が発するさまざまな情報を総合的に判断して、性格を理解する必要がある。言語的内容に加え、非言語的内容も重要な材料となる。こうした非言語的内容

としては、声質や声の大きさやリズムなどのパラ言語的内容、表情、視線、姿勢や身振りなど、さまざまなものが挙げられる。

　面接の方法であるが、その構造化の度合い（どの程度それがカチッと決められているか）によって、3通りに分けることができる。非構造化面接法、半構造化面接法、構造化面接法である。非構造化面接法は、質問項目などを事前に準備することなく、被面接者に対して自由に質問する方法であり、被面接者の個性を引き出すのに適した方法である。ただし、質問者の主観によって、得られる内容は影響を受ける。これとは逆に構造化面接法では、質問項目や質問提示順序などが前もって厳格に定められており、面接者は決められたとおりに質問をすることになる。質問すべき内容が理論的にはっきりしている場合に用いられる。面接者の自由度はほとんどない代わりに、質問したい項目について漏れなく同じ条件で聞くことができ、また質問者の違いによる誤差を避けられるなどのメリットがある。半構造化面接法は、両者の中間的な面接法であり、質問する領域についてはある程度決められているが、具体的な言葉や質問の順序などは、面接の流れに応じて決めることになる。回答がある程度想定されるような場合の探索的な面接などに適した方法といえる。

（3）検　査　法

　検査法は、性格検査法の中でもっとも利用される頻度の高い方法である。実際、さまざまな検査が行われている。ここでは性格検査の枠を広げて、心理検査全般について見ていくことにする。

1）発達検査

　発達検査は、乳幼児段階からの発達について検査をするものである。運動、認知、言語、社会性など、さまざまな領域からなる検査で、領域毎にも全体としても、その発達の度合いを把握することができる。これによって、同一年齢内における位置を知り、遅れがあるとすればその程度も把握できるため、診断や、障がいの発見にも活用されている。

2）知能検査

　知能検査は、知能を測定するものであるが、実は知能について、さまざまな定義がある。「抽象的能力」「学習能力」「新しい環境に対する適応能力」などが代表的なものといえる。共通していえることは、自らの役に立ち得る知的能力である、ということである。知能に関する研究は当初、ある種の類型にあたる対象を見出すためになされた。1905年、知的に劣っていて普通教育に適さない子を抽出するために、ビネー（Binet, A.）らがパリ当局の委託で知能検査を開発した。それが各国に広がり、たとえばアメリカ合衆国では1916年にターマン（Terman, L. M.）による「スタンフォード＝ビネー式知能検査」として発展し、第一次世界大戦時、軍隊で広く用いられることとなった。

　スタンフォード＝ビネー式知能検査では、精神年齢（知的発達の程度／MA）を測定し、下式のように、精神年齢と生活年齢（実際の年齢／CA）の比によって知能指数（IQ）を表した。なお知能指数は、シュテルン（Stern, W.）による概念を取り入れたものである。

$$IQ = \frac{MA}{CA} \times 100$$

たとえば10歳0ヶ月児の精神年齢が12歳0ヶ月だったならば、$IQ = \frac{12}{10} \times 100 = 120$ となる。日本では、1947年に「田中＝ビネー知能検査」として出版され、その後改定を加えられて、現在は「田中＝ビネー知能検査V」が出版されている。

　一方、特性論で知能について研究し、知能の因子を検出しようとする研究者もいる。1904年スピアマン（Spearman, C. E.）は、知的活動全般に共通する一般的能力（一般知能因子／g因子）と、個々の能力に固有な能力（特殊因子／s因子）とがあることを見出し、知能の二因子説を唱えた。彼の二因子説に対し、きわめて幅の広い知的能力をひとつの一般因子で表せるかという疑問から、1938年、サーストン（Thurstone, L. L.）は7つの基本的精神能力因子を見出し、知能の多因子説を唱えた。7つの因子はそれぞれ、「知覚速度」「空間」「数」「言語理解」「記憶」「推理」「語の流暢性」である。

　こうした特性論、複数因子説の流れをくむ知能検査として、1939年にウェッ

表5-2 WAIS-Rの下位検査

言語性検査	動作性検査
1. 知識	2. 絵画完成
3. 数唱	4. 絵画配列
5. 単語	6. 積木模様
7. 算数	8. 組合せ
9. 理解	10. 符号
11. 類似	

クスラー（Wechsler, D.）によって作成された「ウェックスラー式知能検査」がある。全体的なIQに加え、言語性IQと動作性IQが測定でき、またそれらを構成する下位検査毎にもスコアが得られるという特徴がある。現在日本では、幼児対象のWPPSI（ウィプシイ）、児童対象のWISC-Ⅲ、成人対象のWAIS-Rが翻訳されている。なお、WAIS-Rの下位検査を表5-2に挙げる。

3）質問紙検査

質問紙に印刷された質問項目に対し、自己評価に基づく回答をしていくことで、結果として被検査者の性格が把握できる、質問紙形式の検査法である。特性論に基づく検査が多く、各特性について複数の質問項目が準備されているため、全体として項目数は多いが、他の方法に比べると実施は容易である。また、結果も数量データで得られる場合が多く、統計処理がしやすいという長所がある。反面、被検査者が故意に、あるいは意図せず、実際とは異なる回答をしてしまう危険性がある。そのため、回答の信頼性や妥当性をチェックするための仕組みが組み込まれているものが多い。

代表的なものとしては、MMPI新日本版、矢田部ギルフォード性格検査（YG）、EPPS性格検査、モーズレイ性格検査（MPI）、CMI健康調査表、新版TEG、などである（表5-3参照）。

4）投影法検査

投影法検査とは、曖昧な図形や文などを提示し、それに対する被検査者の反応を分析して、性格の無意識的な側面を把握しようとする検査法である。質問紙検査法のように、回答者の意図が入り込む余地がない。他方、検査者には、主観を排除し、客観的なデータを得るための高い技能が求められるため、実施が難しく、かつ結果の解釈に習熟を要するという難点もある。

多くは臨床の現場で、被検査者の性格あるいは心理状態の査定のために用い

表5-3　いろいろな質問紙検査

MMPI（ミネソタ多面人格目録）新日本版
ミネソタ大学のハサウェイとマッキンレイによって開発された。数ある性格検査中、利用頻度や研究引用文献数がもっとも多い、一般的な性格検査である。特に精神保健や矯正、相談などの分野で利用される。550の質問項目からなり、心気症や抑うつ、ヒステリー等の10尺度と、4つの妥当性尺度のスコアが測定される。
矢田部ギルフォード性格検査（YG）
ギルフォードが考案した人格目録に基づき、矢田部達郎らが制作したもの。小学生用から一般用に至る4種の検査が用意されている。120の項目からなる。抑うつ性、回帰性傾向、劣等感など6つの情緒安定性にかかわる尺度と、攻撃性、一般活動性、のんきさ、など、6つの向性に関わる尺度、計12尺度について測定され、またグラフ化された結果のプロフィールから性格類型に分類される。
EPPS性格検査
エドワーズらによって開発された性格検査。日本版としては、一般用、高校生用が作成されている。叙述文の対からなる225項目について、それぞれ対のいずれかを選択することで回答する、強制選択法となっている。各対は、社会的望ましさの面で等価となるよう調整され、信頼性・妥当性にも配慮されている。マレーの欲求モデルに基づく15の特性（達成、追従、秩序、顕示、など）が測定される。
モーズレイ性格検査（MPI）
アイゼンクが独自の理論に基づき、2つの基本特性を測定するために開発した性格検査。内向性－外向性尺度と神経症的傾向尺度各24項目、虚偽発見尺度20項目、および採点しない12項目の、計80項目からなる。
CMI健康調査表
ブロードマン、ウォルフらにより開発された、心身の自覚症状を調査するためのテストである。日本版は、身体的自覚症に関する項目（男性160項目、女性162項目）と、精神的自覚症に関する51項目からなる。学校や産業場面での健康管理に用いられることが多い。また、神経症について4段階で判別できるようになっており、外来医療現場での情緒障害者のスクリーニング（ふるいわけ）にも用いられている。
新版TEG（東大式エゴグラム）
バーンが創始した交流分析（TA）によれば、パーソナリティの構造は〈P／親〉〈A／成人〉〈C／子ども〉の自我状態からなり、機能面ではさらに〈CP／批判的親〉〈NP／養育的親〉〈A／成人〉〈FC／自由な子ども〉〈AC／適応した子ども〉という5つの自我状態が瞬間的に使い分けられているという。これら5つの自我状態がそれぞれどれくらい機能しているかによって、個々人の特徴が表れる。デュセイは、これらを直感的に図示するエゴグラムという方法を考案した。その後、エゴグラムは標準化されて、さまざまな種類が登場したが、日本では現在、新版TEGと呼ばれるものがもっともポピュラーである。5つの自我状態それぞれに関する10の質問項目と、妥当性尺度の5項目、計55項目からなり、どの自我状態が優位あるいは劣勢かが把握できる。また全体のプロフィールから、19の類型（及びその亜型）に分類することができる。

られる。具体的な検査としては、ロールシャッハテスト、文章完成テスト（SCT）、絵画統覚検査、P-Fスタディ、バウムテスト、H.T.P.テスト、家族描画法など、多岐にわたる。

　各検査の詳細については第6章、あるいは参考文献や実際の検査マニュアルなどを参照のこと。

5）作業検査

　作業検査とは、具体的な作業をすることを通じて、その行動傾向や結果などに基づき、性格を測定する検査法である。代表的な検査としては、内田クレペリン精神検査やベンダー・ゲシュタルト・テストがある。

　内田クレペリン精神検査は、ドイツのクレペリン（Kraepelin, E.）の連続加算法による作業心理研究に基づき、内田勇三郎が性格検査に応用したものである。多くの数字が並んだ検査用紙に対し、隣り合った数字を足し算して、その1の位を記入していく検査であり、時間の経過とともにどのような解答パターンとなるかによって、特定の性格をあらわす曲線類型のいずれか、あるいは非定形型に分類されるというものである。類似する検査がほとんどない、ある意味特異な検査であり、臨床場面で用いられるだけでなく、採用試験などでのスクリーニングに用いられることも多い。

　ベンダー・ゲシュタルト・テストは、ベンダー（Bender, L.）が年少者を対象に考案した知覚検査であるが、9つの簡単な幾何学図形を模写させるという手法から、作業検査としても分類される。模写された図は、標準表を用いた一定の基準により分析され、知覚・運動ゲシュタルト機能（全体をまとまりある形として知覚し運動する機能）の成熟度や障がい、性格の偏りなどを含む、広範な臨床的知見をもたらす。

　いずれの検査も、容易な課題で言語を介さないため汎用性が高く、客観的なデータが得られるという長所があるが、反面、検査の理論的背景が必ずしも明確でなく、結果の解釈には慎重さが求められること、さらには解釈が難しいため、検査者のトレーニングに多くの時間を要するという問題がある。

```
8 5 6 4 7 6 9 3 4 7 8 4 6 5 7 9 4 8
9 5 7 6 8 4 5 8 6 9 4 6 7 8 5 7 3 9
5 9 6 7 3 8 7 5 8 3 7 4 9 6 5 4 7 8
5 3 8 4 7 6 9 7 3 5 4 8 7 5 8 6 4 9
8 6 9 3 8 7 6 4 7 5 9 6 8 3 4 8 6 5
3 6 7 8 6 5 4 9 5 8 7 4 3 5 7 9 6 8
7 5 6 9 3 4 7 8 3 5 7 9 4 8 6 3 8 7
9 3 5 8 6 7 4 9 7 3 8 5 6 8 9 3 4 7
6 7 4 5 6 8 5 4 9 8 3 5 7 9 4 8 7 4
```

図5-2 内田クレペリン精神検査用紙（一部抜粋）

6）その他

上に挙げた検査以外にも、道徳性検査、進路適性検査、職業適性検査、言語発達検査、知覚検査、記憶検査など、検査の目的や把握したい内容に応じた、さまざまな検査が開発されている。

Chapter 6 臨床心理

1　臨床心理学とは

(1) 人間と健康

「臨床」という言葉から医学的な意味合い、とりわけ精神医学的なイメージを連想する人は多いだろう。確かに臨床という言葉はそもそもギリシャ語の「Klinikós」＝「臨終の床」から来ているが、今や臨床心理学の活用領域は医学的な場面に限定されていない。現代における臨床心理学とは「人間がより健康的に生きるために心理学を活かすための学問」である。人生の目的は人や時代によって大きく異なるが、健康的に生きたいという願いはどんな時代においても、どんな人においても共通であるといえる。そんな普遍的な願いとともに臨床心理学は発展してきたが、その願いの実現は簡単ではない。

　そもそも人間が手に入れたいと願う「健康」とはどんな状態なのだろうか。1946年にWHO（世界保健機構）は健康を「単に病気でない、虚弱でないというのみならず、身体的、精神的そして社会的に完全に良好な状態」と定義している。つまり身体・精神・社会という3つの観点から健康をとらえたのである。しかし身体・精神・社会それぞれの「完全に良好な状態」を決めるのは誰なのだろうか。ある人が自分は健康だと思っていても、他の人から見れば不健康だと思えるかもしれないし、逆に他の人が健康だと思っていても、本人は不健康だと思っていることもある。たとえば終末期のガン患者に対して援助者はどの

ような対応をするのがよいのだろうか。長く生きることが健康の条件と考えて可能な限りの延命治療を施しても、患者自身が満足していなければ健康とはいえないだろう。ガン患者の治療についてWHOは1989年に「QOL（クオリティ・オブ・ライフ）」という概念を取り入れることを提唱した。QOLの定義は統一されていないが、広い意味は「生活における幸福感、満足感、協調感の質」である。

このQOLという概念は今やガン患者の治療についてのみならず、あらゆる健康観において重視されている。臨床心理学は人々のQOLを高めることを援助する学問ともいえる。つまり客観的な健康を大事にしつつも主観的な健康も忘れないで、人間が健康に生きることを心理学的に援助する方法。言い換えるならば本人が見ても他人が見ても周囲に適応している状態を手に入れることに役立つ学問。それが臨床心理学である。

（2）臨床心理学の内容

それでは具体的に誰が何を学べばよいのだろうか。連想されやすいのはカウンセリングという言葉だろう。カウンセリングをする人、すなわちカウンセラーが臨床心理学を学び、不適応で悩む人を援助するという形は確かに一般的だが、それは臨床心理学の活用形態の一側面にすぎない。人がより健康に生きるためにもっとも大事なことは、自ら成長することである。他人に健康にしてもらって得た健康は本当の健康ではない。本来持っていて使われないでいる成長する力を発揮させて得た健康こそが本当の健康といえる。その意味で臨床心理学の中心は自己成長の理論と技法であり、すべての人が学ぶ意味のある学問である。

しかし誰しもが自己成長力だけで健康になれるわけではない。自己成長力を発揮するために一時的に他人の援助を受ける必要があることは多い。そこで援助をする側が知っておかねばならない臨床心理学の理論と技法がある。自己成長についての一般知識、自己成長を援助するための専門知識、この両方の集合が臨床心理学の基礎知識である。これらを学んで援助者がさまざまな職域で援助活動を行うためには、その職域独自の自己成長に関する一般知識、援助のた

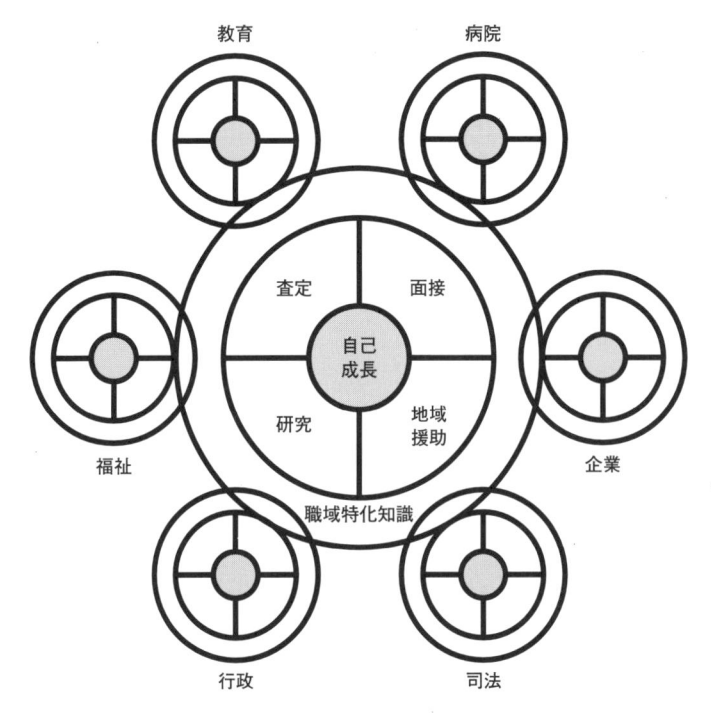

図6-1 臨床心理学の構造

めの専門知識も必要になる。これが臨床心理学の応用知識である。この構造を表したものが図6-1である。斜線部分が誰しもが学ぶ意味のある自己成長についての一般知識で、その他が専門知識である。また、内側の大きな円が臨床心理学の基礎知識、外側の6つの小さな円が臨床心理学の応用知識である。

　例を挙げて説明しよう。自己成長のために人間はどのような自己治癒力を持っており、どのような思考、感情、行動が自己成長を促すか、その理論と具体的な技法が中心にある。そして自己成長を援助するために専門家が相手の話を聴くための理論と技法が「面接」、相手の問題を見立てて援助方法を考えるための理論と技法が「査定」、個人だけではなく集団に働きかけるための理論と技法が「地域援助」、自分たちの仕事の客観的な有効性を高める方法が「研究」

1　臨床心理学とは

である。これらが専門知識の4領域となる。さらに実際にさまざまな職域において臨床心理学を実践する際に必要な、職場に特化した知識がある。たとえば病院では臨床心理学の専門家はどのような位置づけで、どんな仕事があるのか、教育現場ではどうなのか、行政ではどうなのか、といった具合にである。図で挙げた6職域は代表例であり、実際にはもっと多くの職域がある。しかし少なくともこの6職域について、臨床心理学の専門家の位置づけと、職務内容についての知識はどの職域で働こうとも必要であり、ここまでが臨床心理学の基礎知識である。

　同じ構造を自分の職域に応じた形でさらに専門的に深める必要がある。たとえば教育現場における臨床心理学実践では、児童生徒、教員、保護者の自己成長について学び、学校内での相談室での面接、時間や予算が限られた中で児童生徒の査定、学校全体の援助、教員や保護者も納得できるような効果を証明する研究を深く学ばなければならない。さらに教育現場における臨床心理学の専門家の位置づけと職務内容（これは全職域の専門家の基礎知識であり、内側の大きな円と重なる）、歴史、関連法律、研修やスーパービジョンの受け方などが深い職域特化知識として外を囲む。これが外側の小さな円であり、臨床心理学の応用知識である。この円は厳密にはさらに外側に一回り小さな同じ円がつく。教育ならばスクールカウンセラー、心の教室相談員、教育相談係など、病院ならば精神科、心療内科、小児科など、職域の細分化は果てしなく続くからである。このように細部を見ればフラクタル構造になり、大きく見ればマンダラ構造になっているのが臨床心理学のモデル図である。

　本書は専門家の基礎知識を概観することを目的に、面接、査定に関連する基礎知識を本章で解説する。

2 適応と不適応

(1) 主観と客観

　先述の通り適応を目指すことが臨床心理学の目的であり、主観的な適応と客観的な適応の両方を考えなければならない。主観的な適応はいわば価値観の問題でもあり、実に奥が深く難しい領域である。最終的にはこの主観的な適応についてどう援助するかが専門家の最大の課題となるが、そのためにもまずは客観的な適応についての知識を持っておく必要がある。ここでは客観的な不適応状態についてまず述べる。そして客観的な不適応の中でも特に精神障害と呼べる代表的な様態については第8章で述べる。

(2) 不適応状態

　臨床心理学の科学性を高め、根拠に基づいた（エビデンス・ベイスト）説得力のある援助方法を確立するためにも、不適応状態に陥っていると判断するため

表6-1　不適応状態の基準

	思　　考	感　　情	行　　動
頻度が逸脱	ある思考に常にとらわれる *例：いつでも試験のことを考えている。*	ある感情を常に感じる *例：いつでも不安を感じている。*	ある行動を常にとる *例：いつでも手を洗っている。*
強度が逸脱	あることを強く考える *例：他人が絶対に自分のことを嫌っていると考える。*	ある感情を強く持つ *例：試験前に不安に押しつぶされそうになる。*	ある行動を極端にとる *例：ものすごく大きな声で人を叱る。*
場面が逸脱	場面に相応しくないことを考える *例：試験中に食事のことばかり考える。*	場面に相応しくない感情を持つ *例：コメディを見ながら悲しくなる。*	場面に相応しくない行動をとる *例：会議中に歌を歌う。*
発達的に逸脱	年齢不相応の考えを持つ *例：成人してもサンタクロースを信じる。*	年齢不相応の感情を持つ *例：中学生になっても大切な人の死を悲しまない。*	年齢不相応の行動をとる *例：高校生になっても夜尿する。*
社会的に逸脱	反社会的な考え方をする *例：気に入らない人をひどく傷つけたくなる。*	反社会的な感じ方をする *例：困っている人を見てとても楽しくなる。*	反社会的な行動を取る *例：その国の法に触れる行為をする。*

の客観的な基準が必要となる。ここでは思考・感情・行動という人間の3つの機能について、頻度・強度・場面・発達・社会の5つの視点から不適応状態を判断する考え方を提唱する（表6-1）。思考・感情・行動のどれかがこれら5つの視点のどこかから見て平均から逸脱していると判断されるとき、その人は不適応状態に陥っているといえる。もちろん逸脱が複数にまたがることもある。

3 心理アセスメント

（1）心理アセスメントとは

　臨床心理学的援助を行う際は、援助の対象者が今現在、どのような状態であるのかを正確に把握する必要がある。「多分こういう状態だからこういうカウンセリングをすれば良くなるのではないか。」という曖昧な判断は、援助が効果を上げないだけでなく、相手に対してきわめて失礼で、倫理的に許されない行為である。そこでアセスメントと呼ばれる手続きが必要になる。

　アセスメントとは評価、査定のことである。あまりなじみのない言葉であろうが、近年「環境アセスメント」という言葉をよく見聞きするようになった。これは大規模な建設事業（道路、ダム、発電所などの開発事業）を始める前に、その事業が周囲の環境にどのような影響を与えるかを査定、評価し、環境を守る対策を検討することである。大事なのは最後の「対策を検討」ということであり、これは心理アセスメントにおいてもまったく同じといえる。対象者の状態を把握しただけでアセスメントを終えてはならない。必ず「ではどのような援助方法が効果的か」を提案するところまで含む必要がある。そしてその援助方法を実際に用いた後も、途中経過からその効果がどうであるかを常に評価し、必要に応じて新たな援助方法を提案し続けることが大事である。それが心理アセスメントである。

表6-2 心理アセスメントに必要な情報

情　　報	内　　容
①主訴	何が問題か
②生育歴	クライエントの母親の妊娠期から出産、そして現在に至るまでの諸問題
③問題歴	問題がいつ、どのように生じ、周囲はどう反応・対応してきたか
④家族歴	家族構成、家族の性格、家族内の人間関係、夫婦関係
⑤教育歴	学歴、学級内での態度、適応度、人間関係、学業成績、課外活動
⑥職歴	職に就くための訓練（専門教育）、資格、就職、転職
⑦対人関係	一般的な対人関係
⑧趣味	何をするのが好きか、嫌いか
⑨性歴	性に関するさまざまな情報
⑩結婚歴	結婚の時期、回数、理由
⑪アルコール・薬物	物質依存に関する情報
⑫相談歴	過去の相談の有無、相談内容と治療内容、面接に対する動機づけ
⑬身体状況と疾病歴、医学的所見	既往歴、アレルギー、家族病歴
⑭行動観察	目の前のクライエントの様子
⑮心理検査結果	必要に応じて各種の心理検査を実施

（2）心理アセスメントの実際

　心理アセスメントは情報収集から始まる。必要な情報をまとめたものが表6-2である。たとえば病院やカウンセリングルームであれば、これらの情報のいくつかを初回来談時に規定の用紙に書き込むようになっていることが多いだろう。そういった場合でも援助者は、用紙をもとに面接をして、さらに情報を補う必要がある。表中の①から⑭は主に面接によって聴くことになるが、⑮の心

表6-3　代表的な心理検査

		どのように		
		質問紙法	投映法	作業検査法
何を	性格	MMPI人格検査 TEG新版東大式エゴグラム検査 YG性格検査 MPIモーズレイ性格検査 NEO-PI-R	ロールシャッハテスト 星と波描画テスト バウムテスト ワルテッグ描画テスト TAT絵画統覚検査 ソンディ・テスト SCT精研式文章完成テスト P-Fスタディ	内田クレペリン精神検査 ベンダー・ゲシュタルト検査
	精神状態	MAS不安尺度 CMI健康調査票 GHQ精神健康調査票 BDI-II日本版ベック抑うつ質問票 新版STAI状態・特性不安検査	ロールシャッハテスト	内田クレペリン精神検査
	発達	PRS LD児・ADHD児のためのスクリーニングテスト 新版S-M社会生活能力検査	グッドイナフ人物描画検査	※ WISC-III知能検査 WAIS-R知能検査 田中ビネー知能検査V ITPA言語学習能力診断検査 K-ABC心理・教育アセスメントバッテリー 遠城寺式・乳幼児分析的発達検査 新版K式発達検査

※これらは作業検査法と見なさず「個別式発達検査」と分類することが多いが、ここでは便宜上この分類とした。

理検査の実施には特別の知識と訓練が必要になる。次に心理検査の概要を説明する。

（3）心理検査

　心理検査は「何を」「どう」測るかという視点から大きく9種類に分けることができる（表6-3）。「何を」測るかという視点については、心理検査によって明確に定義されているものもあれば、曖昧なものもある。ここでは現実的な分類として「性格」「精神状態」「発達」の3つを挙げた。「性格」はその人がどのような性格（人格、パーソナリティ）の持ち主であるかを測る。「精神状態」はその人の特定の精神状態（不安、ストレスなど）に焦点を当てて、的を絞って測る。「発達」は生活年齢に比べた精神発達の度合いを知能や言語などの面から測定する。

　この3つの他にも対人関係を測るもの（親子関係診断テストなど）や、職業興味を測るもの（VIT職業興味テストなど）もある。

　「どう」測るかという視点は、検査の方法を表している。それぞれの特徴、長所、短所を述べる。

1）質問紙法

　特徴：検査用紙に書かれた問いを被験者に読ませ、自分で回答させる。回答は「はい・どちらでもない・いいえ」の3つから選ぶ3件法や、「いつもそうである・時々そうである・どちらでもない・あまりそうではない・まったくそうではない」までの5つから選ぶ5件法などが多い。

　長所：検査の実施が簡単、検査者は短時間の研修で実施可能、多人数に短時間に実施できる、採点・結果の数量化が容易、結果の解釈に主観が入りにくい、など。

　短所：被験者の言語能力・自己評価能力に依存する、意識のレベルしか知りえない、質問項目に対する理解が被験者によって異なる（回答の意味を確認できない）、反応の歪曲がおこりやすい、など。

2）投映法（描画法を含む）

　特徴：曖昧で多義的な絵や文を見せたり、絵を描かせたりして、被験者の反

応を分析・解釈する。さまざまな形態をとる。

長所：被験者が自由に反応できる、全体的・力動的なパーソナリティが把握できる、無意識レベルを知ることができる、反応の意図的歪曲がおこりにくい、など。

短所：実施に時間と労力がかかるものが多い、結果の処理・解釈が難しい、検査者は専門的な訓練・経験・洞察力が必要、理論的根拠がやや曖昧なものもある、描画は嫌がる人もいる、など。

3）作業検査法

特徴：さまざまな課題を設けて被験者の各課題に対する達成度を測る。

長所：課題によっては被験者の言語レベルに依存しない、採点・結果の数量化が容易、反応の意図的歪曲がおこりにくい、など。

短所：課題によっては被験者に苦痛感・疲労感を与える、検査の手順が複雑なものが多い、など。

実際に心理検査を実施するときは、この中の1つだけを選ぶということは珍しく、2つ以上を目的に応じて組み合わせて実施することが多い。これをテストバッテリーを組むという。質問紙法、投映法、作業検査法と種類を変えて組み合わせるのが一般的だが、数が多くなりすぎても検査を受ける人の負担になってしまうため、必要最低限の心理検査を選んで組み合わせなければならない。従って検査者は1つでも多くの検査に精通していることが望ましい。また検査の分析・解釈方法は時代と共に発展していくため、常に心理検査の訓練を積んでいなければならない。

（4）心理検査の科学性と倫理

心理検査が検査として成り立つためには、その結果は科学的に正しいことが証明されなければならない。テレビや雑誌に登場する心理ゲームと、臨床心理学で用いられる心理検査の最大の違いはこの科学性の有無にある。

第1に心理検査はその結果が信頼に値するものでなくてはならない。いつ、

どこで、誰が実施しても、同じ心理状態を持つ人に対しては同じ結果を返さなくてはならない。これを検査の信頼性という。信頼性が保障されていない心理検査はアセスメントに用いることはできない。心理検査を制作する過程で、折半法や項目分析法と呼ばれる方法を用いることで、信頼性を検証し、信頼性が高いと証明できた心理検査のみが公に発表されている。

　第2に心理検査はその検査が測ろうとしている内容をきちんと測っていなければならない。たとえばどんなに信頼性の高い性格検査でも、それを用いて知能が測れると言ってしまってはいけない。これを検査の妥当性といい、内容的妥当性、基準関連妥当性、構成概念妥当性の3種類に分けられる。

　妥当性の問題は倫理の問題へとつながる。当然ながら妥当性の低い用い方（先の例のように、性格検査で知能を測ろうとする）をすれば、検査者の倫理観が問われることになる。つまり検査の誤用である。もう一つ大きな問題は、そもそも検査で本当になんらかの心理状態を測れるのかという大きな命題である。知能検査は特にこの命題にぶつかりやすい。人間の知能を本当に検査で測れるのか。測りやすいものだけを知能と呼んでいるのではないかという、検査の存在そのものに対する倫理的問題である。

　これは簡単に答えの出ない問題だが、心理検査を用いる者はこういった批判があることを心に留め、目的をしっかりと考えて検査を実施しなければならない。

4　心理療法

（1）心理療法とは

　心理療法（psychotherapy）という用語を聞いたことのない人でもカウンセリング（counseling）という言葉を耳にしたことのある人は多いのではないだろうか。心理療法やカウンセリングの定義を簡単に述べると、カウンセリングや心理療法は個人の人生や生き方を高めさせたりするような目的で個人に影響を及ぼす

活動である。また手段そのものが心理的であって、治療者や治療の場から受ける心理的影響を治療の手段としている、ということになる。カウンセリングが、進路のことで悩んでキャリア・カウンセリングを受けるというように健常な人の比較的軽い悩みを扱うのに対して、心理療法は心理的不適応を治療するという病理も視野に入れたかかわりをする。しかし実際の差は曖昧な部分もあるので、ここでは、心理療法、カウンセリングをともに心理療法として説明していく。

　心理療法においては何か問題を持ちそれを解決したいと思う人をクライエント（client）という。クライエントが専門的に訓練されたセラピスト、カウンセラー（therapist, counselor）と出会い信頼と協力に基づいて治療的人間関係を結び相談や治療が始まる。心理療法の理論や技法は200種類以上もあるので多少の違いはあるが、まずセラピストはクライエントとの間に温かい信頼関係（ラポール）を結ぶことが大切である。最初の面接を受理面接、インテーク（intake）といい、ここでは主訴（クライエントが問題にしていること）をよく聴き、アセスメントのために心理検査を行ったりもする。治療目標を設定し、場所、時間、料金などの治療構造の確認と秘密保持の説明をする。時間は週1回、1回50分という設定が一般的である。また心理療法よりも精神科の薬物療法や内科の治療、その他の介入が必要な場合には関係機関に紹介（refer）することも大切である。

（2）さまざまな心理療法

　数多くある心理療法の中で代表的な心理療法を紹介していく。1人のセラピストがこれらすべての心理療法を会得するということはない。学習の段階では一通り研修しその後で自分に合うと思う技法をより深く学んでいく方法が行われている。また一つの理論、技法ですべての問題や症状が解決するというよりは、クライエントの問題などに合った技法があるといえるし、技法以外にセラピストの人間性やセラピストとクライエントの関係がどうであるかが結果に大きな影響を及ぼすこともある。セラピストは常にクライエントを理解しようと

するだけではなく、自分自身を知る努力をすることが求められる。

1）精神分析療法 (psychoanalytic therapy)

精神分析はフロイト（Freud, S.）により提唱された。フロイトは最初心を意識、前意識、無意識という部分に分けて考えていた。その後心は超自我、自我、エス（イド）からなるとする構造論を確立した。（図6-2）エスは本能衝動の分野であり、人が生きるために必要な欲求を直ちに満たそうとする。超自我は両親の教えをはじめとした、社会的な道徳、倫理観が心の中で「良心」となったものでしばしばエスの欲求を禁止する。自我はエスと超自我の間の折り合いをつける。自我は不快な情動を無意識に閉じ込める防衛機制を働かせるが（表6-4）それが不適応に結びついてさまざまな症状を引き起こすこともある。フロイトはヒステリー患者を診察する中で「抑圧」の概念を見出した。フロイトは催眠などを行いながら、自由連想法という技法を生み出していった。自由連想法では患者は寝椅子に横になり心に浮かぶことはどんなことでも正直に話すように求められる。セラピストは「平等に漂う注意」を向けながら解釈していく。フロイトは週4、5回の分析を行っていたが、現在はこのような方法を採ることは時間的、経済的に難しいので、週1回、対面法での精神分析的療法が主流になっている。

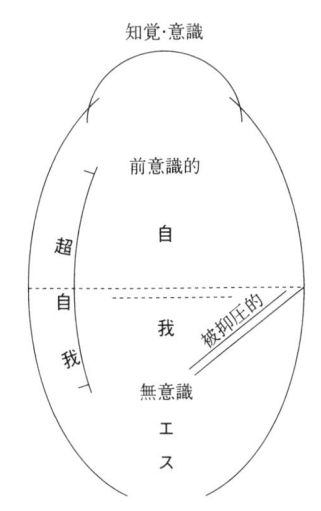

図6-2　フロイトによる心的装置
（前田重治『図説　精神分析学』誠信書房、1985年）

① **精神分析療法の構造と過程**：精神分析療法では特に治療構造を最初にはっきりさせる。つまり、目標、時間、料金、場所、治療の進行とともに発生してくるであろう問題について十分説明し、同意の上で治療契約を結ぶ。治療の過程は①導入期：自由にクライエントに話してもらい、ラポールをつける。セラピストは中立的で受動的な態度で十分に話を聴く。②解釈：

表6-4　おもな防衛機制

種類	内容
抑圧	苦痛な感情や欲動、記憶を意識から閉め出す。
逃避 退行	空想、病気などに逃げ込む 早期の発達段階に戻る。幼児期への逃避。
置き換え	欲求が阻止されると、要求水準を下げて満足する。
転移	（親などの）特定の人に向かう感情をよく似た人に向けかえる。
転換	不満や葛藤を身体症状へ置き換える。
昇華	反社会的な欲求や感情を、社会的に受け入れられる方向へ置き換える。
補償	劣等感を他の方法で補う。
反動形成	本心と裏腹なことを言ったりしたりする。
取り入れ 同一視	相手の属性を自分のものとする。同化して自分のものとする。 相手を取り入れて自分と同一と思う。
投影・ 投射	相手に向かう感情や欲求を他人が自分に向けていると思う。
合理化 知性化	責任転嫁。言い訳。 感情や欲動を直接に意識化しないで知的な認識や考えでコントロールする。
打ち消し 隔離	不安や罪悪感を別の行動や考えで打ち消す。 思考と感情、感情と行動が切り離される。

（前田重治『図説臨床精神分析学』誠信書房、1985年より）

　クライエントの問題や症状のもとになっていると思われる無意識の葛藤や欲動をセラピストが言葉で伝えていく。精神分析療法の中心の技法は解釈だが、セラピストが早い段階で解釈を伝えるのではなくて、それ以前にクライエントの言葉を明確化したり、クライエントが問題に目を向けられるように直面化を行ってから解釈に入る。③抵抗：無意識の葛藤や欲動を意識化することは自我にとって不安、恐怖、恥、罪悪感などを引き起こすので自我による抵抗が起こる。抵抗は言葉による否認だけではなくさまざまな行動によっても現れるが、セラピストは抵抗の分析も行う。④転移：精神分析療法ではクライエントの幼少時期の重要な人物（親）

に対する感情がセラピストに向けられるとしてそれを転移と呼んでいる。転移は好意や恋愛感情に似た陽性転移と、嫌悪や不信感などの陰性転移がある。セラピストからクライエントに対して向かうものは逆転移となる。フロイトは逆転移を否定的にとらえていたが、現在では転移、逆転移をともに解釈し治療に利用するようになってきている。⑤徹底操作期：転移や抵抗の解釈を続けるうちにクライエントは洞察に至る。自己の問題などに対する行動変容に至るまで繰り返し解釈し洞察を深めていくことを徹底操作という。クライエントが自立していける時期になると終結にむけて面接は支持的な内容になっていく。

② **その他の精神分析的心理療法**：フロイトの理論は臨床心理学に多大の影響を与えた。心理療法の分野ではバーン（Berne, E.）は交流分析を創設した。バーンは自我を親（P）、大人（A）、子ども（C）に分けた自我状態モデルを想定した。さらに親の中にも支配的な親（CP）と養育的な親（NP）があり、子どもにも自由な子ども（FC）と順応した子ども（AC）があるとした。私たちはその時々の状況や気分でPやAやCからの言葉を用いて

表6-5　原始的防衛機制

種類	内容
分裂	対象および自己についての、良い幻想と悪い幻想とを別個のものとして隔離しておく。
投影性同一視	分裂した自己の良いあるいは悪い側面のいずれかを、外界の対象に投影し、さらにその投影された自己の部分とそれを受けた外界の対象とを同一視する。
否認	不安や苦痛に結びついた現実を否定し目をそらして認めない。
原始的理想化	外的対象をすべて良いものと見ることで悪いものを否認する。
価値切り下げ	理想化していた万能的期待が満たされない時には、直ちに価値のないものとして過小評価する。
躁的防衛	自己を脅かす悪い側面の部分と融合することで、万能感的支配と強化し、現実性を否認する。

（前田重治『図説臨床精神分析学』誠信書房、1985年より）

図6-3　ユングの心の構造
（河合隼雄、『ユング心理学入門』培風館、1967年）

他者と交流する。クライエントが人間関係で問題を引き起こしているときにはこの交流のパターンに問題があると考えて交流を分析する。また、問題の裏には親から与えられた否定的なストローク（かかわり合い）などをもとにして書かれた自分はこういう人生を過ごすという人生脚本があり、それが歪んでいるので歪みを意識化し脚本の書き直しを行う。

クライン（Klein, M.）は乳児期の対象関係から妄想－分裂態勢、抑うつ態勢という概念を提唱し、クライン派は対象関係論として発展している。妄想－分裂態勢において使用される原始的防衛機制（表6-5）は近年増加しているといわれる人格障害の理解に有効な結果をあげている。クライン派では解釈が中心だが、中間派といわれるウィニコット（Winnicott, D. W.）は「ほどよい母親」という言葉を使いセラピストがクライエントを心理的に抱えることを重要視している。またコフート（Kohut, H.）はナルシシズムに注目し自己心理学を提唱した。病的な自己愛から健全な自己愛へと変化していくためにセラピストは共感を示すことが必要だとしている。対人関係論のサリヴァン（Sullivan, H. S.）は統合失調症の患者の治療に積極的に取り組み、セラピストは「関与しながらの観察」を行うことと述べた。

2）分析心理学（ユング派）（analytical psychology）

ユング（Jung, C. G.）は当初フロイトに賛同し共に仕事をしていたが、次第に無意識の取り扱いやリビドー（性的エネルギー）を重要視するフロイトと意見を異にするようになり、独自の分析心理学を生み出していった。フロイトは無意識を個人的な経験からなるとしていたが、ユングはそれよりもっと深い層には個人が経験しない人類共通の無意識（普遍的、集合的無意識）があるとした（図6-3）。普遍的無意識の中にはいくつかの型がありユングはそれを元型（archetype）

と名づけた。元型は神話、おとぎ話、夢、イメージとして現れる。ユング派では、クライエントが意識の中で問題を抱えているときには、それよりももっと深く広い無意識を知りその人の全体性を回復していくアプローチをとる。無意識を探るために、夢を意識の一面性を補償するものとして夢の分析を積極的に行う。またイメージを使う箱庭療法（芸術療法で説明）、能動的想像法（active imagination）なども行われている。ユングは錬金術の研究も行っていた。心理療法においてもクライエントとセラピストが意識的に言語で交流するだけではなくて双方の無意識が交流し、錬金術のるつぼの中で物質の変容が起きるようになんらかの変化がクライエント、セラピスト双方に起きる。時にはそれが共時性（synchronicity）という「意味のある偶然の一致」といわれる外界の現象として起こることもある。したがって、セラピストは常にその場で起きていることの象徴的意味を解釈していくことが大切である。

3）クライエント中心療法 (client-centered therapy)

クライエント中心療法はロジャーズ（Rogers, C. R.）により提唱された。今日カウンセリングというとこのクライエント中心療法の技法を指すようなこともあるほど基本的な部分は広く受け入れられている。基本的な部分とはロジャーズの述べたカウンセラーの3条件であり、それは①自己一致、純粋性　②無条件の肯定的関心、受容　③共感である。ロジャーズによれば、心理的不適応は「自己概念」と経験の不一致からくる（図6-4）。他方、人には「実現傾向」があり、カウンセラーが受容、共感、純粋性を持ち、クライエントの話を聴け

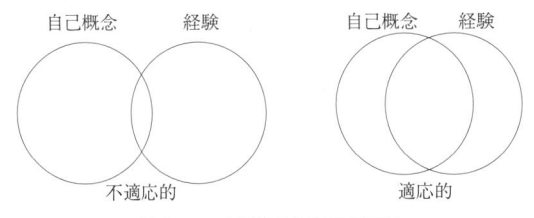

図6-4　自己概念と経験の関係

(Rogers, C. R. *Client-Centerd Therapy*, 1951)

ばクライエントは自ら洞察に至るとした。したがってカウンセラーはクライエントの言葉を反射したり明確化したりするが、解釈は行わない。ロジャーズは最初この技法を「非指示的」と呼んだが、指示しないという言葉に対してさまざまな批判や誤解が起こり、後にクライエント（来談者）中心療法とした。後年ロジャーズは個人心理療法よりも「エンカウンター・グループ」という十数名で行う療法に力をいれた。エンカウンター・グループは「今ここで」を率直に語る出会いの場である。自己理解、他者理解のために、数日間の合宿で集中的に語る方法と、週1回3時間程度継続で行う方法もある。現在はロジャーズが行った方法以外にさまざまな課題を設定して行う「構成的エンカウンター・グループ」も行われている。さらにジェンドリン（Gendlin, E. T.）はカウンセリング過程での体験を身体面などから注目した「フォーカシング」を生み出した。

4）行動療法 (behavior therapy)

行動療法は学習理論をもとにした心理療法である。アイゼンク（Eysenck, H. J.）は「人間の行動や情動を現在の学習理論の諸法則によって改善する試み」と行動療法を定義した。したがって不適応や問題行動は誤った学習の結果であるか、適切な学習がなされなかった結果によるものとされ、精神分析で重視する無意識の願望や葛藤は扱わない。治療も学習理論を適用した不適応行動の除去か適切な行動の学習ということになる。技法は多様であり、大きく分けて、学習理論の項で説明した古典的条件づけとオペラント条件づけによるものである。近年認知に働きかける認知行動療法が盛んになってきている。よく使用される技法は以下のようなものである。

① **系統的脱感作法**：ウォルピ（Wolpe, J.）の「逆制止」の原理を用いて、不安や恐怖の克服のために、不安や恐怖と拮抗するリラックス反応を起こすようにして徐々に不安や恐怖を減じていく技法である。順序は①リラックス法を学ぶ②不安階層表を作る③不安の弱い段階からイメージによる不安の克服を行う。実際に現場に出て行う方法もある。

② **フラッディング法**：不安や恐怖にフラッディング（洪水）のように浸る技

法である。回避できない状況、たとえば治療場面でもっとも不安や恐怖となるような刺激を提示したりする。強迫性障害の治療に効果があるとされている。

③ **オペラント法**：オペラント条件づけの原理を応用したもので、報酬により望ましい行動を身につけていくか処罰により望ましくない行動を減じて行く技法である。報酬としてトークン（代用貨幣）を与えるトークン・エコノミー法、下位の目標から達成していくシェーピング法、望ましくない行動を無視する除外学習などがある。

④ **モデリング**：モデルの行動を観察することによってモデルと同じような行動を学習する技法である。

⑤ **生活技能訓練**（SST）：認知行動療法の一つである。挨拶や雑談といった生活技能の不足している人に生活技能をつける。精神病患者のリハビリテーション、教育の分野などに幅広く応用されている。モデリングとロールプレイを通して望ましい行動を身につける。

5）認知療法（cognitive therapy）

ベック（Beck, A. T.）により提唱された。ベックはうつ病患者の治療を行ううちに、人間の病理は誤って学習した考え方、イメージ、記憶に基づいていると考えるようになった。この認知的歪みが否定的な自己イメージ、自動思考を引き起こし、うつ病を発症させる。うつ病患者は自己、世界、将来について悲観的な認知を持つ。そこで認知的歪みを変えることによって症状を改善することを目指すのが認知療法である。方法は日誌などを書きそこから認知の歪みを発見し修正を行っていく。行動課題が加わるとＳＳＴなどに代表される認知行動療法となる。

6）遊戯療法（play therapy）

子どもたちは心の健康を害されると、その表れとして身体症状や情緒不安定、社会的不適応などさまざまな行動をとるようになる。それらはいわゆる情緒障害と呼ばれている。症状や行動は周囲の家族や教師などに対してその子どもが

発信する心の不健康の危険信号である。その信号を周りの大人が受け取り、問題を解決するために心理療法が始まるのだが、子どもはまだ言語で自分自身の問題について語ることが難しい。そこで子どもの心理療法には表現の手段として遊びを用いる。年齢的には3、4歳から12歳位が適応範囲である。遊びは自己表現や欲求不満の解消、現実の生活では実現できないことの補償作用などがあり、遊び自体に癒しの効果がある。子どもに対する心理療法の技法にも大きく分けて精神分析的なものとクライエント中心療法的なものがある。どちらの技法を用いるにしても現在ではクライエント中心療法のアクスライン（Axline, M.）の8原則が基本となっている。それは①ラポール（信頼関係）の確立　②受容　③許容的な雰囲気を作る　④感情の反射　⑤子どもを尊重する　⑥子どもが遊びを先導する　⑦焦らずに待つ　⑧必要な制限は行う、である。場所はプレイ・ルームで行う。プレイ・ルームには人形、ままごと道具、積み木、箱庭、ボール、図画用具、身体を動かして遊べる遊具など多くのものを備え、子どもに合わせてさまざまの遊びを行う。制限とは危険な行動やセラピストを傷つけたり用具を破壊することの禁止などである。治療の一般的経過は①導入期：親との分離不安も出る時期でラポールをつけるように自由に遊ぶ　②中間期：慣れてきて遊びの中で親や同胞に向けられていた感情がセラピストに対して表現される。その後問題行動や症状の改善が見られる。　③終結期：外の世界への関心が強くなる。問題や症状が消失し、保護者との面接の中で確認の上で終結となる。

7）芸術療法 (arts therapy)

芸術療法とは絵画、音楽、箱庭、コラージュ、ダンス、演劇、詩歌などの芸術的活動を心理療法の手段として用いるものである。心理療法では言語による面接が一般的であるが、言語による表現が十充分行えないような場合や芸術的表現に向いているようなクライエントの場合に適用する。芸術療法においては出来上がった作品の内容よりも製作すること自体が、自己表現による治療につながるといわれている。また治療的効果だけではなく作品からアセスメントを

行うこともできる。セラピストは作品から解釈を行うことはできるが、通常は面接の手がかりとして作品に触れるのみで、クライエントに直接解釈を伝えない。芸術療法の内容は多岐にわたるので主なものについて説明していく。

① **絵画療法**：絵画を心理療法として用いるものである。大きく分けて自由に描く自由画と課題にしたがって描く課題画がある。また個人で行う場合と集団で行う場合がある。課題画は①バウムテスト　木を描く　②HTP　家（house）、木（tree）、人（person）を描く。1枚ずつ描くものと1枚の紙にHTPを描くものがある。③風景構成法　1枚の画用紙に枠づけし、順番に川、山、田、道、家、木、人、花、動物、石、その他を描き色を塗る。④人物画　人物を描く　⑤動的家族画　家族が何かしているところを描く　⑥なぐり描き法　スクリブル法、スクイグル法（相互なぐり描き）、MSSM（相互なぐり描き・物語り統合法）　⑦星と波描画テスト　星と波を描く　⑧ワルテッグ描画テスト　刺激図形に描き足して描く　⑨塗り絵法などがある。

② **箱庭療法**：ローエンフェルト（Lowenfeld, M.）の心理テストとしての「世

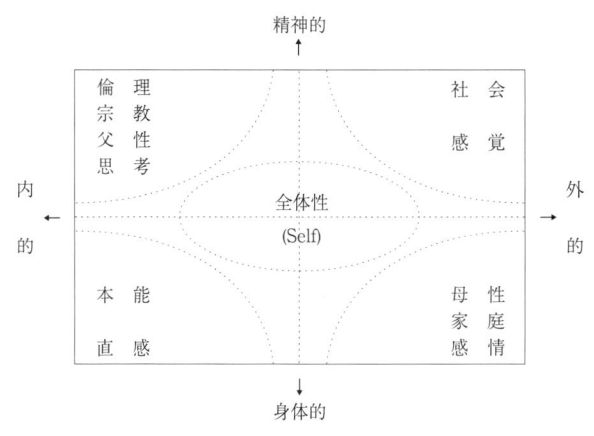

図6-5　箱庭の空間図式

（秋山さと子「第16回箱庭療法絵テキスト」日本総合教育研究会、1972年）

界技法」をもとにカルフ（Kalff, D.）が心理療法として発展させた。日本では河合の紹介により現在広く用いられている。57×72×7（cm）の内側が青く塗られた砂箱に人形、動物、植物、家などのさまざまなミニチュアを自由に置いていく技法である。セラピストはかたわらで受容的に見守る。箱庭の空間図式は図6-8であるがセラピストは1回ごとの解釈にこだわるよりは、流れを心理療法全体の関係の中で見ていく（図6-6）。

③ **コラージュ療法**：コラージュとはフランス語「のりで貼る」から来た言葉である。20世紀初頭に芸術運動の中で、ピカソ、ブラック、エルンストらによって作成された。その後、作業療法として用いられ、「持ち運べる箱庭」として心理療法としての適用も行われている。画用紙に雑誌などから切り抜いた写真などを貼っていくものである。絵画療法と同じように、個人でも集団でも行える。自由に製作するものと課題を設定するものがある。画用紙の大きさや色はクライエントに合わせる。技法として①マガジン・ピクチャー法　クライエントが好きな雑誌などを選んで切って貼る　②コラージュ・ボックス法　あらかじめセラピストが切り抜きを箱に入れてクライエントが切り抜きを選んで貼るという二つに分けられる。またコラージュ療法ではセラピストもクライエントと同時に製作することが多い（図6-7）。

④ **音楽療法**：音楽は日常生活の中でも、心を和ませるバック・グラウンド・

図6-6　箱庭

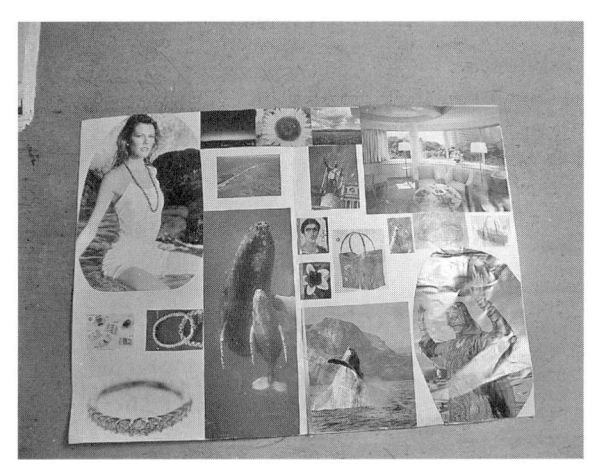

図6-7　コラージュ

ミュージックなどとして広く使用されており、それを心理療法に取り入れたものである。特に言語による交流が難しい障害児、精神病患者、高齢者に対してよく用いられている。原理としてはクライエントの状態に合わせた音楽を鑑賞することがある。音楽を鑑賞するという受動的な方法だけではなくて自らが楽器を演奏したり、歌ったりといった能動的な方法もある。施設などで集団で行うアクティビティとしてもよく行われている。

⑤ **心理劇**：サイコドラマともいう。モレノ（Moreno, J. L.）が創始した即興劇の集団心理療法である。ここではセラピストにあたる人は監督といい、劇の責任を負う。他に監督を補助する補助自我、演者、観客からなる。グループはリラックスのためにウォーミング・アップを行う。その後、自分の問題を演じる人が主役として舞台の上で演じる。最後に課題について全員で話し合うシェアリングがある。モレノによれば心理劇の原理は「自発性の原理」と「役割の原理」である。自発性とは葛藤や危機を自ら解決する力である。役割とは主役が観客の前で自分の問題や葛藤を

演じたりすることである。自分が演じたり、他の人が役割を交換して演じるのを見たりすることで改めて洞察やカタルシスが起きるとされている。

8）家族療法 (family therapy)

家族療法とは問題のある人とその家族を「問題家族」というまとまりのある全体として治療、援助する立場をとる心理療法である。治療の技法は、精神分析と行動主義の影響を受けていたが、1960年代にはいってシステム論的家族療法が優勢になった。システム論では家族を次のように規定している。①全体性：家族システムのどの部分に変化が起きてもシステム全体が影響される結果、家族そのものに変化が起こる。したがって、家族メンバーの一人を単独で観察、治療することはできない。家族全体も他のシステムとのかかわりを除いて観察、治療することはできない。家族は世代別に階層化され、この階層性が崩れると全体としての家族構造に危機が起こる。②関係性：家族メンバーはコミュニケーションによってお互いに結ばれている。したがって観察、治療の単位は個人ではなく関係である。一連のコミュニケーション活動が完結しなければ家族関係に障害が起こる。関係の障害の発生と回復は循環プロセスとして説明される。また個人心理療法では相談に来た人がクライエントであるが、家族療法では家族によって問題だと見なされている人をI. P. (identified patient) と呼ぶ。家族療法では家族アセスメントを行い、治療的介入を行っていくが、代表的なものは以下のとおりである。

① **多世代家族療法**：ボーエン (Bowen, M.) は融合と個体化という用語を用いて、融合している人は自己分化が低く他者に情緒的に巻き込まれやすく問題を起こすとした。人が健全な個体化を成し遂げるには、生まれ育った原家族に融合することなく自己分化をしていくことが必要であるとした。原家族はさらに上の世代の影響を受けているので多世代にわたる家系図（ジェノグラム）を書き、分化の程度を知り、自己分化を高めていくようにすることが目標である。

② **構造的家族療法**：ミニューチン (Minuchin, S.) は家族を観察し、問題家族

では家族と外のシステムや家族の世代間のサブシステムの境界が固すぎたり、曖昧であったりする家族構造があるとした。また家族間でどのような提携が行われているか、家族の力関係はどうかということをアセスメントする。その上でセラピストは家族から信頼を得るようなジョイニングをしながらいくつもの積極的な介入法を提案し、家族構造を健全なものにしていくことによって問題解決を図る。

③ **コミュニケーション理論**：文化人類学者のベイトソン（Bateson, G.）は統合失調症の家族のコミュニケーションを研究し、メッセージの中には言語と非言語で内容が矛盾するものがあるという二重拘束理論を提唱した。多世代派や構造派があるべき家族の目標に近づけようとするのに対して、コミュニケーション派はI. P.の問題は家族コミュニケーションの結果であるとしてコミュニケーションのパターンを変えるための介入を行う。体験派と言われるサティア（Satir, V. M.）も感情のコミュニケーションを重要視した。

9）短期療法（ブリーフ・セラピー：brief therapy）

短期療法の始まりはM. エリクソン（Erickson, M. H.）からである。エリクソンは催眠療法や家族に対する心理療法を行った。同じ頃にベイトソンは対人コミュニケーション研究を行い、やがてウィークランド（Weakland, J.）・ヘイリー（Haley, J.）・ジャクソン（Jackson, D. D.）という人たちが集まって家族療法を行いながら、短期で治療が終わる短期療法（brief therapy）を創立していった。精神分析的心理療法では治療が長期にわたることが多いがのに対して、ブリーフ・セラピーは短期で問題が解決するという利点もあり発展してきている。精神分析的心理療法の流れを汲む短期心理療法（brief psychotherapy）もあるが、ここでは代表的なブリーフ・セラピーについて紹介する。

① **MRI（Mental Research Institute）モデル**：ジャクソン、ウィークランドによって考え出された。セラピストが問題とその相互作用をどう見るかを重視している。クライエントが問題を自ら解決しようとする努力が「偽

解決」としてかえって悪循環を生んでいるとしてクライエントの「解決努力」を探し、そのパターンを変えるために介入を行う。

② **戦略的モデル**：症状はメッセージであるととらえて、症状に焦点を当てる。家族の行動に注目して行動を変えて家族の階層を変えるか、階層を変えて症状を変化させる。症状を処方するようなさまざまな逆説的介入を行うところは M. エリクソンの影響を受けている。

③ **解決志向モデル**：デュ・シェイザー（de Shazer）と I. キムバーグ（KimBerg, I.）によって開発された。BFTC（Brief Family Therapy Center）モデルとも言う。問題に焦点を当てずに、解決を志向する。変化は必然であるとして、良い変化を探っていく。クライエントをよくコンプリメント（労い）し、未来志向でもある。またいくつかの効果的な質問、問題を点数化するスケーリング・クエスチョンや奇跡が起きて問題が解決したことを語ってもらうミラクル・クエスチョン、現在どのように問題を処理しているか尋ねるサバイバル・クエスチョンなどを用いる。これらの質問に対する答えの中から解決につながる糸口を探し出して、小さな変化を積み上げて大きな変化につなげていく。解決の目標は具体的で実現可能なものであり、性格の変容などは扱わない。

10）日本の心理療法

心理療法はフロイトをはじめとして欧米で開発されたものが広く行われているが、日本独自の心理療法として森田療法と内観療法がある。現在では海外でも知られるようになっている2つについて概略を述べる。

① **森田療法**：森田正馬は「森田神経質」の人は生の欲望が人一倍強く、より良く生きたいというところがあり、心気症的で病気に対する恐れが強いとした。そういう人がなんらかの身体の不調が出たときにそれにとらわれて自分なりの解決をしようと試みれば試みるほどさらに悪循環に陥るとしてそれを精神交互作用と名づけた。森田療法では症状は直接取り扱わず、あるがままの状態を受け入れるようにする。入院治療では①絶

対臥褥（がじょく）期　約1週間、食事洗面排泄以外はベッドに横になっている。そうすることで生の欲望があることに気づいてくる。②軽作業期　1、2週間、個人で草取りなどの作業を行う。セラピストとの面接や日記指導があるが他者との交流は制限される。③重作業期　数ヶ月、園芸、耕作などの作業のほかに委員会活動も行い他のクライエントとも交流する。セラピストは面接、日記指導を行う④複雑な実際生活期　約1ヶ月　社会復帰のための準備を行う。退院後も自助グループとして「生活の発見会」で学習の機会がある。通院の場合は日記指導が主になる。

② **内観療法**：吉本伊信は浄土真宗の「身調べ」を元に自己開発の方法として内観を開発し、これが心理療法として用いられるようになった。集中内観と日常内観がある。集中内観では約1週間宿泊して1日15時間程度内観を行う。方法は母親などの重要な人物について年代ごとに「してもらったこと」「して返したこと」「迷惑をかけたこと」について思い出していく。面接者は1、2時間に1回簡単に報告を聞く。母親が終わると父親、配偶者などについても同様に行う。内観を続けていくと多くの世話を受けていたことを思い出して感謝と反省が起きるといわれている。生活の中で内観を行う日常内観を集中内観の後に続けるとさらに効果的である。内観療法はアルコール依存症や非行、犯罪者の更正にも有効であり適応範囲が広い。

Chapter 7 社会とのかかわり

1 病気、災害と心理学

(1) 病気と災害

　人は生きている間に、病気になることは避けられない。仏陀は生老病死を四苦として、病気にかかったり死を迎えることだけではなく、生きて日々を過ごし年齢を重ねて老いていくこと自体を苦であるとして何人もこの運命からは逃れられないとした。しかし古来から人は健康を願い、病にかかると病気の平癒のためにさまざまな行為を行った。医療技術は時代とともに格段の進歩をとげた。しかし病を得たときに個人が感じる不快感、不安感、苦痛は時代を超えて変わらないものがあるであろう。医療の力が現代ほど発達していなかった頃は多くの人が宗教に救いを求めた。たとえば古代ギリシャではアポロンの息子、医神アスクレピオスの神殿に病者がこもり、夢のお告げによって病を治すという方法もとられていた。キリスト教や仏教などの宗教でも信仰という本来の教義だけではなく、病気になったときに神や仏に回復を祈ることは広く行われている。また民間信仰ではシャーマンや呪術師による加持祈祷が行われてきた。健康であることの定義は WHO (世界保健機構) によれば「健康とは身体的、精神的ならびに社会的に完全に良好な状態であって、単に疾病や病弱でないというだけでない」と定義されている。この定義自体は中立的なものであるが、健康であることは良く、病は悪いものという価値を含むことはいつの時代にもあ

る。そこから病は神からの罰という観念や、病者は穢れているという感覚が生まれることになった。この感覚は古代や中世のものだけではなく、現代においてもたとえばHIV（エイズ）患者への差別という形で現れたりする。病気になった人は病からくる苦痛や不安だけではなく「何故自分がこの病気になったのか」と病の意味を考え、また周囲からの微妙な差別や誤解に苦しむことがある。病気になったことで逆に人生の意味を問い直して哲学的、宗教的に高い境地に達することもあり、病のすべてが悪いものとはいえないが、多くの場合は苦悩を伴うだろう。このようなときに、現代では宗教の社会的影響力が少なくなってきた分を補うかのように、心理的支援に対する比重が高まってきているといえる。臨床心理士をはじめとする心理療法家は心の病を扱う精神科だけではなく、近年小児科、産婦人科などの領域でも徐々に活動するようになってきている。

　災害には地震、台風などの自然現象や戦争、暴動などの人為的なものまでさまざまなものがある。災害を経験した人が陥る心の状態について文学上に記されたものはかなり古くからあるとされている。しかし、死ぬほど恐ろしい経験をした者がかかることの多いその後の症状を心的外傷とし、それについての研究が始まったのは第1次世界大戦頃からである。心的外傷（trauma）研究にも心理学の寄与するところは大きい。次項ではPTSDという観点から心的外傷について記述していく。

（2）PTSD（Post Traumatic Stress Disorder, 心的外傷後ストレス障害）

　心的外傷の研究が始まったのは19世紀の頃からのことである。1890年代には列車事故により起こった神経性ショックと精神分析理論の抑圧、解離は合流して一つになり「外傷性記憶」という概念が作られた。1914年に第1次世界大戦が起こると多数の戦争神経症の患者が出て、彼等はシェル・ショック（塹壕の中で異常になること）、ヒステリー、神経衰弱、心臓異常活動、診断保留神経症として診断された。しかし戦争の終結とともに戦争神経症への関心も薄れていった。その後数十年たってアメリカでDSM（精神疾患の分類と診断の手引）が作成さ

れるに際して1980年のⅢ版からPTSDという用語が入った。それはその頃アメリカがヴェトナム戦争に参戦していたことと非常に深い関係がある。ヴェトナム戦争の復員兵はアルコール嗜癖、薬物問題、自己破壊的行動等の行動をとりやすく社会問題となり、その対応が求められていた。ここでPTSDという障害を認定することにより、治療や補償の方法がより明確化できたという経緯がある。その後PTSDは、死ぬほど恐ろしい体験や目撃の中には戦争や災害だけではなく、強盗、レイプ、児童虐待、DV（Domestic Violence, パートナー間暴力）、ひどいいじめも該当するという認識がなされるようになった。そのような長期間の心的外傷を与えるような環境からくるものを複雑性PTSDと呼ぶこともある。また心的外傷をⅠ型、Ⅱ型に分類するものもある。Ⅰ型とは地震、交通事故、火事等のように単発の物である。Ⅱ型は児童虐待、DVのように長期間続くものである。大地震などの災害を経験した直後には多くの人がASD（Acute Stress

表7-1　心的外傷後ストレス障害（Post Traumatic Stress Disorder）

A．その人は以下の2つが共に認められる外傷的な出来事に暴露されたことがある。
　（1）　実際にまたは危うく死ぬか重傷を負うような出来事を、1度か数度、または自分か他人の身体の保全に迫る危険をその人が体験し、目撃し、直面した。
　（2）　その人の反応は強い恐怖や無力感、戦慄に関するものである。
B．外傷的な出来事が以下の1つか、それ以上の形で再体験され続けている。
　（1）　出来事の反復的で侵入的で苦痛な想起、心像、思考、知覚を含む。
　（2）　出来事についての反復的で苦痛な夢。
　（3）　外傷的な出来事が再び起こっているかのように行動したり、感じたりする（その体験を再体験する感覚、錯覚、幻覚、および解離性フラッシュバックのエピソードを含む、また、覚醒時や中毒時におこるものを含む）
　（4）　外傷的出来事の1つの側面を象徴し、または類似している内的または外的きっかけに暴露された場合に生じる、強い心理的苦痛。
　（5）　外傷的出来事の1つの側面を象徴しまたは類似している内的、または外的きっかけに暴露された場合の生理学的反応性。
C．以下の3つ（またはそれ以上）によって示される（外傷以前には存在していなかった）外傷と関連した刺激の持続的回避と全般的反応性の麻痺。
　（1）　外傷と関連した思考、感情、会話を回避しようとする努力。
　（2）　外傷を想起させる活動や場所、人物を避けようとする努力。
　（3）　外傷の重要な側面の想起不能。
　（4）　重要な活動への関心または参加の著しい減退。

1　病気、災害と心理学

（5）　他の人から孤立している、または疎遠になっているという感覚。
　（6）　感情の範囲の縮小。
　（7）　未来が短縮した感覚。
D．（外傷以前には存在していなかった）持続的な覚醒亢進作用で以下の2つかそれ以上によって示される。
　（1）　入眠または睡眠維持の困難
　（2）　いらだたしさまたは怒りの爆発
　（3）　集中困難
　（4）　過度の警戒心
　（5）　過剰な驚愕反応
E．障害（B、C、およびDの症状）の持続期間が1ヶ月以上。
F．障害は臨床的に著しい苦痛または社会的、職業的または他の重要な領域における機能の障害を引き起こしている。

（高橋三郎他訳『DSM-Ⅳ-TR 精神疾患の分類と診断の手引き』2005年より）

表7-2　急性ストレス障害（Acute Stress Disorder）

A．その人は以下の2つがともに認められる外傷性の出来事に暴露されたことがある。
　（1）　実際にまたは危うく死ぬか重傷を負うような出来事を1度または数度、自分または他人の身体の保全に迫る危険を、その人が体験し、目撃し、直面した。
　（2）　その人の反応は強い恐怖、無力感、または戦慄にかんするものである。
B．苦痛な出来事を体験している間、またはその後に、以下の解離性症状の3つかそれ以上がある。
　（1）　麻痺した、孤立した、または感情がないという主観的感覚
　（2）　自分の周囲に対する注意の減弱
　（3）　現実感消失
　（4）　離人症
　（5）　解離性健忘
C．外傷的な出来事は、少なくとも以下の1つの形で再体験され続けている：反復する心像、思考、夢、錯覚、フラッシュバックのエピソード、またはもとの体験を再体験する感覚、または外傷的な出来事を想起させるものに暴露された時の苦痛。
D．外傷を想起させる刺激の著しい回避。
E．強い不安症状または覚醒亢進
F．その障害は、臨床的に著しい苦痛または、社会的、職業的、または他の重要な領域における機能の障害を引き起こしている、または外傷的な体験を家族に話すことで必要な助けを得たり、人的資源を動員するなど、必要な課題を遂行する能力を障害している。
G．その障害は、最低2日間、最大4週間持続し、外傷的出来事の4週間以内に起こっている。
H．障害が、物質または一般身体疾患の直接的な生理学的作用によるものでなく、短期精神病性障害ではうまく説明されず、すでに存在していた第Ⅰ軸または第Ⅱ軸の障害の単なる悪化でもない。

（高橋三郎他訳　『DSM-Ⅳ-TR 精神疾患の分類と診断の手引き』2005年より）

Disorder, 急性ストレス障害）の症状を呈する。ASDを引き起こした人の中で、1ヶ月以上その症状が続くとPTSDと診断される。PTSD、ASDの定義はDSM-IVによると表7-1、7-2のようになる。ASDもPTSDも症状としては、急に嫌な記憶が蘇ってくるなどの侵入的記憶、回避および麻痺、生理的覚醒状態が起きる。異常な体験をした人が悪夢を見たり、そのときの事を思い出せなかったり、その場所を避けたり、不眠になるのは異常な体験に対する正常な反応といえる。それは異常な記憶をエピソード記憶として意識に統合しようとする試みであり多くの場合は1ヶ月程度で統合されていく。統合がうまくいかなかったときにPTSDになるが、それは体験の過酷さの程度、個人の自我の柔軟性や回復力、初期の社会的支援の有無などに左右される。

　心的外傷が意識に統合されなかったときにPTSDが発症するが、心的外傷はPTSDだけではなく長期的にさまざまな影響を及ぼすとされている。心的外傷の再現性の表れとしては、暴力を受けて育った人が自分の家族に暴力をふるう暴力の循環や、非行少年は虐待の被害者である割合が高いことが指摘されている。その他には自殺企図や自傷行為などの自己破壊的行動や対人関係における再被害化もある。記憶については解離性障害と心的外傷は関連があるといわれている。また感情調整が悪く、ささいな刺激が心的外傷と結びつくと激しい反応が起きてしまい、その結果、社会的な適応が上手にできなくなることもある。人格障害等も心的外傷経験と結びつけられるという説もあるが、心的外傷という概念がかなり広いものである以上、数多くの症状や疾患が心的外傷と関係があるとされるのも当然かもしれない。

　PTSDを含む心的外傷の解消を目的とする心理療法には以下の5つの過程がある。①情緒的な安定性の回復　②心的外傷となった出来事の記憶と反応の条件づけの消去　③心的外傷となったことを含めて心の枠組みである認知的スキーマを再構成すること　④安全な社会関係を回復し対人関係をもてるようになること　⑤回復的な情緒体験、である。心的外傷からの回復を目的とする治療を3段階に分けるものもある。回復の初期においては安全、安定、自己のケア

を行う。第2の段階では過去について遡り、感じた事と思い出した事を関連づける。最後の段階では関係の中での安心と安定が求められる、というものである。また症状に合わせて心理療法の技法（心理療法の項参照）等が用いられる。人が生きていく上で辛い経験をして傷つくことは多いが、できるだけ回復をして再び心理的、社会的に適応し、その人なりの満足した生活が送れるようになるためには心理学的な援助も求められているといえるだろう。

2　死別の悲しみ

（1）死別体験者をどう理解するか

1）無力な自分

　死別を体験した人は、体験以前には知ることのなかった3つの自分と出会っている。まず第1は、あまりに「無力な自分」である。近代における人間の定義に、人は、意思的な存在であるというものがあり、通常の生活をしている限り我々がそれを疑うことはない。もちろん、すべてにおいて自らの意思が優先するほど現代社会は単純なものではないが、それでもこれを疑うような出来事にはなかなか直面しないのが現実である。そんななか、突然に起きる死別という出来事は、この信念を根本から揺さぶる。我々は誰一人、大切な人の死を望んでいないだけでなく、仮にそうなる可能性があるのであれば、それを阻止するためにはいかなる努力も惜しまない。しかし、気がつくともしくはなにをしても大切な人が喪われてしまっているのである。いったい自分の意思とはなにか、そもそも自分とはなにものなのか。この問いかけの果てに待っているものは、いかにも無力な存在である自分、その実感である。

2）不自然な自分

　おそらく、死別体験をしなければ、安定し、温かく、愛とユーモアにあふれ、なにごとにも意欲的で探究心もあり楽しめていたはずなのに、いつのまにかそうではなくなった自分がいる。楽しいときに笑うことができないし、悲しいと

きに泣けない、さらに腹を立てているのに、怒ることができない自分、このあまりに「不自然」な自分との出会い、これが第2の出会いである。

3）先が見えない自分

そして、どこに自分の心のエネルギーを向けていったらよいのか、「指向性・志向性を喪失してしまった自分」がそこにいる。我々の心的現象は必ずある指向性・志向性があり、たとえそれがネガティブなものであったとしてもそうである。しかし、それが根こそぎ奪われてしまった、私の心はこれからどこへいくのだろうか見当がつかない、これが第3の出会いである。

（2）苦悩とその表現

死別体験がもたらす苦悩とは、実は、徹底的に個人の内的世界、つまり主観的なものなのである。だから、それを質量ともに尺度化することは難しく、また、耐性や表現の在り方など個人差も大きいことから、客観化や一般化に大きな課題が残る。そのため、周囲からステレオタイプ的な態度をとられたり、さらには偏見の対象となりやすく、結果的に死別体験者は多くの場合、感情表現をすることにためらいやとまどいがあるのである。このような滞った感情を持ち続け、また疎外感や孤独感、閉塞感を持ちこれからも生きていくことがいかに困難であるかは、想像だに難くない。

誰にも脅かされずに、自由に自己表現できる安全な時間と空間を提供すること、これは社会の大きな課題である。

ステレオタイプ（stereotype）
一定の対象を認知するとき、ありのままにではなく、カテゴリー化してとらえること。紋切り型的な理解。十分に知識や経験を持つ前に形成され、どちらかといえば否定的なとらえ方が多い。先入的態度、偏見（prejudice）もほぼ同義。

表7-3 通常の悲嘆の現れ方

感　　情	悲しみ、怒り、罪悪感と自責、不安、孤独感、疲労感、無力感、衝撃、思慕、解放感、安堵感、感情鈍麻
身体的感覚	腹部の圧迫感、胸部の圧迫感、喉の緊張感、音への過敏、離人感、息切れ、筋力の衰退、体に力が入らない、口の乾き
認　　識	信じない、混乱、気をとられている状態、実在感、幻覚
行　　動	睡眠障害、食欲障害、ぼんやりした行動、社会的引きこもり、故人の夢、故人を思い出させるものの回避、探索と叫び、ため息、落ち着きのない過剰行動、泣くこと、故人を思い出す場所の訪問や品物の携帯、故人の持ち物を大切にする

（ウォーデン,J. W. 鳴澤實監訳『グリーフカウンセリング』川島書店、1993年をもとに鈴木が作成）

（3）悲嘆について

悲嘆（grief グリーフ）とは、喪失体験に起因する、情緒、身体、認識、行動面の反応のことである。我々のさまざまな悲嘆の中でも、身近な、かけがえのない人物を失った場合に生じるものがもっとも深刻な内容を持っていることはいうまでもない。

①悲嘆の現れ方は一様ではない。誰をどのように失ったのかだけでなく、愛着の状態、残された人のパーソナリティ傾向、支援体制のあり方などにより実に多様な反応がある。

②死別体験者と悲嘆の関係も多様である。ひたすら忘却を望む場合もあれば、一方では、情緒的悲しみに浸り続けることを望む場合もある。

③悲嘆は時間の経過や他者の適切なかかわり方、さらには環境の変化により、たとえば情緒的に苦悩が薄らぐなどの変容を見せることがある。

（4）悲哀の過程

悲哀（mourning モーニング）とは、死別体験後の心理的変容のさまのことである。死別体験者が、対象を喪失した後どのような心理的過程をたどるか、この時系列の変容を理解することは援助活動には必須である。

①悲嘆と同じく悲哀の過程にも著しい個人差が存在し、その理由も悲嘆の場

合と同様である。
②悲哀の過程の代表的なとらえ方に、死別体験者は、衝撃を受けることから始まり、さまざまな過程を経て、最終的に死を受けとめるとするものがあり、社会的にこれが受けいれられている。

(5) 悲嘆要因
既述の部分もあるが、実際に死別体験者にかかわるとき、次の点に考慮したい。

1) 喪失の対象について
これは、失われた人との関係の様子、つまり、亡くなった人が遺された人に果たしていた役割の意味とその度合いを意味し、単純に、喪失対象は誰かということではない。基本的に、親密さと必要性から考えるが、両価的な葛藤もあることから単純なとらえ方は危険が伴う。

2) 死の形と経緯
失われた人はどのような死に方をしたのかということである。それが予測できる死だったのか、またある程度了解できる死なのか、それともでそうでないのかにより、遺された人の悲嘆のあり様は異なる。予測も了解も困難なものとして考えられるのは、自死、事故、事件、災害、殺人などである。

3) 過去の経験
遺された人の死に対する経験の有無だけでなく、以前の体験における対処法の有無について配慮することである。

4) 個人的な要素
社会的な属性やパーソナリティ傾向、さらには、死別体験以外なにか併存するストレスがあるかないか、援助体制の有無など環境要因にも目を向ける必要がある。

(6) おわりに

　援助活動のあり方として、悲嘆に焦点をあてた対策を講じるということはいうまでもない。しかし、死別体験者が自らの悲嘆を完全に消し去るということはありえないのであり、悲嘆の消滅だけを目的とすることは実際的ではない。

　むしろ、死別体験がもたらした体験前と明らかに異なってしまった人間関係の修復、もしくは新たな関係の再構築などに焦点をあて、それが結果的に情緒や認知などの肯定的な変容につながるようかかわることの方が現実的である。この目的にのっとり、死別体験の結果、当事者が一方的に形成してしまった可能性のある事柄、たとえば死の意味や喪失体験の意味を、検討するよう展開してもかまわない。その際、意味に対して明確な回答を獲得するというより、これまで気づくことのなかった、死の新たな意味と視点が存在するのではないかということへの、当事者の期待感の形成に比重を置くようかかわることが大切である。

　また、専門的援助活動として、カウンセリングとサイコセラピーの区分の課題もあり、それとあわせて、そもそも悲嘆の正常と異常とはなにかについて論議し、その特質について共通認知する必要性がある。

3　仕事とキャリア・カウンセリング（Career Counseling）

(1) キャリア・カウンセリングの歴史

　どのような職業を選び、従事するかということはその人の一生に深くかかわる問題である。また、カウンセリング自体も職業指導運動とともに発展してきた。職業指導運動は1905年にアメリカでパーソンズが職業選択や就職の助言を青年に対して始めたことにより広がったとされている。その後職業指導局が設立され組織的な指導が行われるようになった。同時期にヨーロッパでもドイツを中心に職業教育が行われるようになった。1929年からアメリカは深刻な経済不況に見舞われた。失業者に対して職業の斡旋をするだけではなく、医療、心

理、社会、教育面での支援が行われるようになり、職業指導からキャリア・カウンセリングへと内容が変化していった。キャリアという言葉には職業だけではなく、経歴、その人の生き方といった包括的な概念が含まれている。またキャリアは個人個人が主体的に設計していくもので、仕事の問題を話し合いながらも来談者の人生観、価値観を取り扱うことになり単なる職業指導を超える面談になるからキャリア・カウンセリングに変化していったのである。第二次世界大戦後も多くの復員兵が職業に復帰するためにキャリア・カウンセリングが大いに活用された。日本でも1920年代には職業指導が職業紹介所で始まった。また小学校でも同時期に職業指導が始まった。戦後学校における職業指導は進路指導と呼ばれるようになり、担任や指導係の教員が担当している。その他に高等教育機関、職業安定機関、産業界においても職業相談やキャリア・カウンセリングは行われている。現在ではインターネット等も広くキャリア・カウンセリングに用いられている。

(2) キャリア・カウンセリングの理論

1) パーソンズ (Persons, F.) の理論

職業指導運動を始めたパーソンズは職業選択に関しては3つの要素があると述べている。それは①適性、能力、興味、希望、資源、限界およびそれらの原因も含めた自分自身を明確に理解する　②さまざまな職種に関して有利な点、不利な点、成功に必要な条件、給与、出世の見込み、将来性などについて調べる　③①、②で把握した事柄の関連性に関しての合理的な推論を行う、である。この理論は長期にわたってキャリア支援で使われてきた。

2) スーパー (Super, D. E.) の理論

スーパーの理論は生涯を通じて人がどのようなキャリアを形成していくかを概観している。自己概念は発達とともに形成されていく。自己概念の中で職業に関係した職業的自己概念の発達を職業的発達段階としてスーパーは5段階に分類した。①成長期（0-15歳）自己像の形成、職業に対する興味や能力の探究

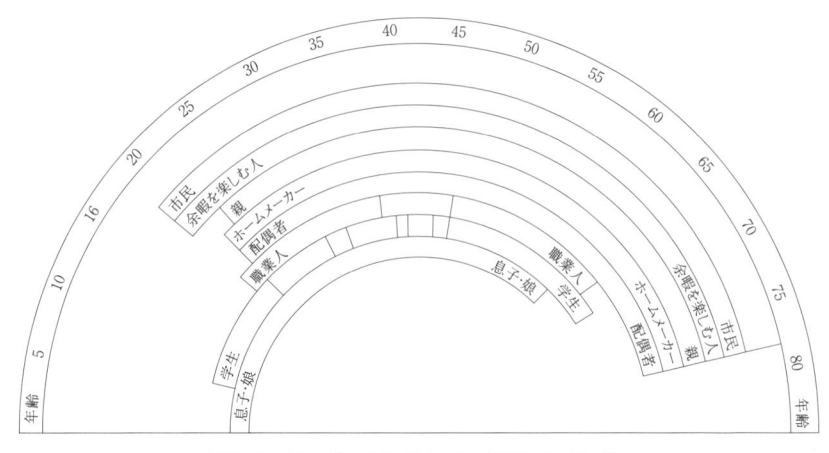

図7-1 スーパーのライフ・キャリア・レインボー

(Super, D. E. "A life-span, life-space approach to career development" Career choice and development: Applying contemporary theories to practice. Jossey-Bass (1990) より)

の始まり　②探索期（16-25歳）職業についての希望を明らかにし、仕事に就く　③確立期（26-45歳）職業への方向づけを確定し、昇進する　④維持期（46-65歳）達成した地位の保持　⑤下降期（66歳以上）諸活動の減退と退職。

　この理論が発表されたのは1960年代であり、その頃は20代で職業を選びその仕事を退職まで続けるというコースを辿る人が多かった。しかし80年代以降、職業選択を何度も行う時代の変化が現れてきた。スーパーも探索期、確立期の後に再び探索期に戻るような新しいライフ・ステージ・モデルがあると述べるようになった。人生についてはさまざまな役割の組み合わせであると定義し、ライフ・キャリア・レインボーという図を作成した（図7-1）。役割は8個あるとされている。それは①息子・娘：親から見れば子どもであり幼少期は親に養育され親が高齢化すると介護を担うかもしれない　②学生：6歳から20代で終わっていたが、近年は再びさまざまな形で学ぶ人も増えている　③職業人：一つの職業だけ続ける人もいればいったん退職して再就職する人も増えつつある　④配偶者：この役割を取らない人や離婚、再婚などで途切れる人もいる

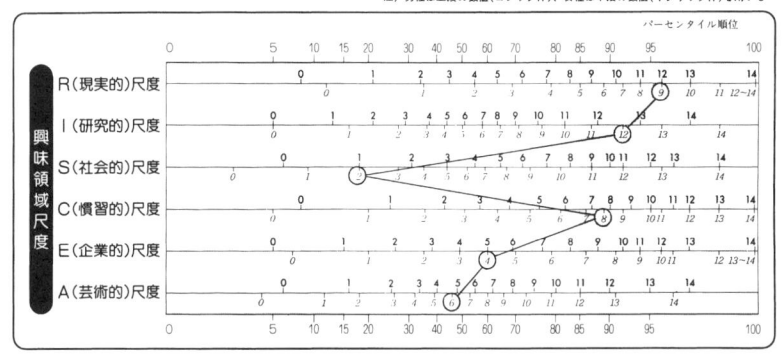

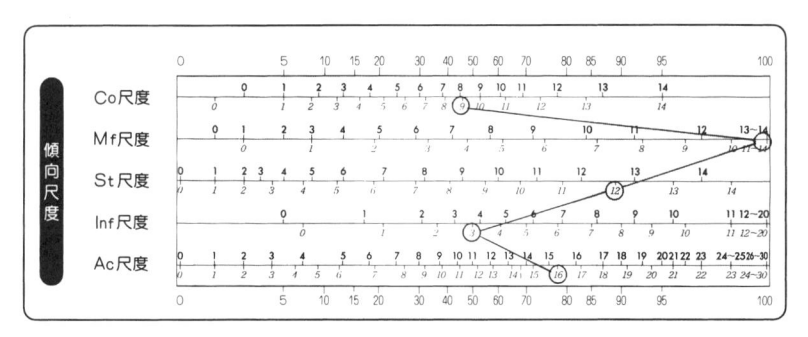

図7-2 VPI職業興味検査のプロフィール例
(Holland, J. L. 原著　日本労働研究機構『VPI職業興味検査手引（改訂版）』平成11年)

⑤ホームメーカー：家事をすることは女性だけではなくて成人は誰でもかかわりがある　⑥親：親になると子どもが幼いときは育児に多くの労力を使うが次第にその役割は減少していく　⑦余暇を楽しむ人：スーパーの言葉だが、余暇にどれくらいの時間を費やすかも役割としてとらえられている　⑧市民：市民として地域活動やその他のボランティア活動に費やす役割もある。人生やキャリアはいくつかの役割を選んで組み合わせることで自己概念を実現しようとする試みであるといえる。役割をうまく行うことができれば、その人は自分の人生に満足し、キャリアの虹は美しく彩られることであろう。

3）ホランド（Holland, J. I.）の理論

　ホランドは個人の性格特性とその個人が望む職業との関係を分析した。人は子どもの頃から、環境や持って生まれた素質によりいくつかの活動を特に好むようになる。その活動で認められたり、誉められたりするとますますその分野に関心を持ち、高等教育で専攻したり、その興味や能力を生かした職業につきたいと思うようになる。ホランドは性格特性を6種類に分類した。それは①現実的（R）：道具、物、機械などを扱うことを好む。実践的　②研究的（I）：自然科学や医学の研究を好む。好奇心が強く自立的　③芸術的（A）：創造的な活動を好む。創造的で自由　④社会的（S）：人を援助したり、教えたりすることを好む。友好的　⑤企業的（E）：他人を指導したりすることを好む。野心的　⑥慣習的（C）：情報を整理することを好む。組織的。この6つの特性のうち強いもの3つをスリー・レター・コードとして人のタイプを表し、それぞれのタイプに向いている職業を挙げた。ホランドによれば人は職業選択を通して自己概念を実現しようとするものである。現在職業興味検査などがホランドの理論を応用して職業の適性を判断するテストとして使用されている（図7-2）。

4）クロンボルツ（Krumboltz, J. D.）の理論

　クロンボルツは人は自分の環境との相互作用の中で、長期にわたって積み重ねられた経験を通して自分の好みを学習するとした。職業選択は学習プロセスの結果であり、その選択に影響を与えるものは先天的な資質、環境条件や出来事、学習経験、課題接近技術の4つである。その上でキャリア選択決定のための課題接近技術を意志決定モデルという具体的なステップで示した。それは①解決すべき問題は何か具体的な言葉で明確にする　②問題解決に向けての行動計画を立てる　③価値観を明確にし選択すべきものを見極める　④興味や能力、ステップ3で見定めた価値をもとに案を作る　⑤起こりうる結果を予測する　⑥情報を収集しながら代替案を絞っていく　⑦代替案の中で決まったものについて行動を開始する、の7つである。この理論は実際のキャリア・カウンセリ

ングを進める上でのプロセスに役立っている。

（3）キャリア・カウンセリングの特徴

キャリア・カウンセリングとは職業を中心としたキャリア設計を援助していくカウンセリングである。したがってカウンセリングの中に職業に関する情報提供などのガイダンス、助言が一般的なカウンセリングよりも比較的多く含まれる。カウンセリングの基本の受容的な部分は共通するが、さまざまな技法を用いたり、開発的なカウンセリングであることがキャリア・カウンセリングの特徴であるといえる。

4　対人行動

私たちは一人で生きていることはなく、常に社会の中で政治、経済、文化や対人関係の影響を受けながら生活している。社会の中での人の行動や心理を研究する社会心理学の領域からここでは対人認知と集団について取り上げていく。

（1）対人認知

私たちが初対面の人に会ったときに、その人のことをよく知らない段階でも「優しそう」「厳しそう」といった判断を下すことはよくある。いくつかの情報から他人に対する全体的印象を作っていく過程を印象形成という。アッシュ（Asch, S. E.）は印象形成について次のような実験を行っている。ある群の人々に「知的な―器用な―勤勉な―暖かい―決断力のある―実務的な―慎重な」というリストを、別の群には「知的な―器用な―勤勉な―冷たい―決断力のある―実務的な―慎重な」というリストを提示して人物評定をしてもらったところ、わずか1項目の違いなのに、「暖かい」という特性がリストに含まれていたほうが寛大で情け深いなどの肯定敵的な評価を得ることができた。アッシュは「暖かい、冷たい」というように印象を形成する上で中心となる特性を中心的特性

```
        X
      +   −
    P △   O
        +
```
不均衡：例　自分（P）は猫（X）が好きだが友人（O）は嫌い

```
        X
      −   −
    P △   O
        +
```
①自分が相手に合わせる：例　自分が猫を嫌いになる

```
        X
      +   +
    P △   O
        +
```
②相手を自分に合わせる：例　友人を説得して猫好きにする

```
        X
      +   −
    P △   O
        −
```
③相手に対する認知を変える：例　友人を嫌いになる

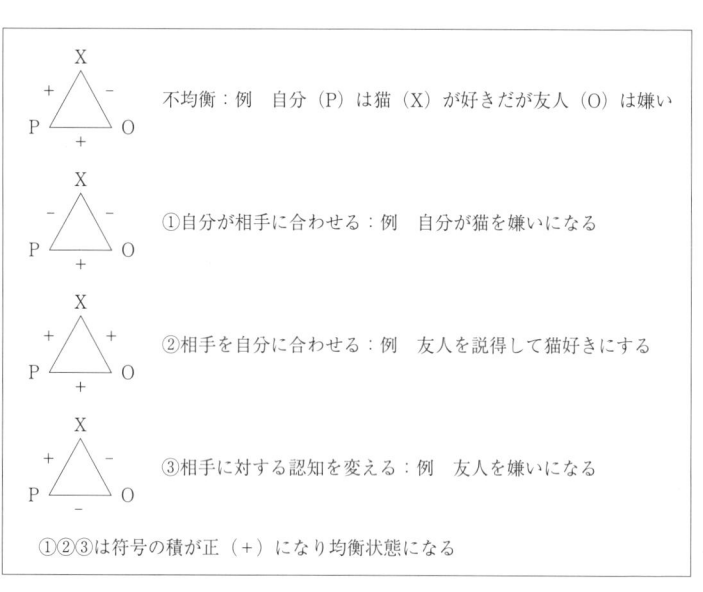

①②③は符号の積が正（＋）になり均衡状態になる

図7-3　ハイダーの均衡（Balance）理論（Heider, F. 1958）

と名づけた。この中心的特性となる言葉はいつも決まっているわけではなく、他の言葉や文脈によって変化する。最初に出てくる言葉で全体的な印象が影響を受ける初頭効果もあるとアッシュは言っているが、これはよくいわれる「第一印象が大事」ということにも通じるだろう。しかし別の人の研究で最後の情報が印象を修正するという親近効果もあるとされている。印象形成は一方通行ではなく、私たちが他人を評価すると同時に他人も私たちを評価する相互作用があるので最初の印象が変化することもある。

　私たちは自分が好意を持つ他人からは好意を同じように持たれていると思いたがる傾向がある。また、対人関係において認知的な矛盾は避けようとする。ハイダー（Heider, F.）は対人関係の研究で均衡理論を唱えた。自分（P）、他人（O）、2者の間にある第三者や事物（X）において均衡を保つように認知を変えるというものである。符号の積が負（−）である不均衡の状態は緊張を生じるので積が正（＋）になるように認知を変えようとする（図7-3）。たとえば自分は

猫が好きで友人が猫を嫌いな場合は①自分が猫を嫌いになる　②相手を説得して猫好きにさせる　③友人を好きでなくなるのどれかで均衡を保とうとするということになる。

（2）集　　団

　私たちは通常いくつかの集団に属している。それは家族や友人関係といった小規模のものもあれば、学校や職場という大規模なものもある。集団とは役割や地位があり行動を規制する価値基準や規範を持った複数の人々からなる社会的単位という定義がある。大集団の中では自発的に気の合った人たちで形成されるインフォーマル・グループが形成されることも多い。集団規範とはその集団内での暗黙の取り決めであり、成員は規範に反することを行うとその中で非難され罰せられることもある。集団は集団の中が同質になるように斉一性の圧力をかけてくる。したがって、ある人が集団規範に疑問を抱いてもこの圧力の前では同調してしまいがちになる。しかし少数者が同じ意見を主張し続けることで集団が変化するという研究もある。

　集団における地位と役割についてはリーダーの研究がある。リーダーは他の成員よりも権限を持ち、判断や決定を下し結果に責任を持つだけではなくて、成員の行動にも影響を及ぼす。リーダーを専制的なタイプ、民主的なタイプ、放任的なタイプと分けたときに民主的なタイプの元でもっとも自発的な活動が起きて仕事の能率があがるという研究があるが、実際の企業などにおいてはいつもこのような結果が出るわけではない。リーダーのもとにいる成員の資質や周りの環境との関係に左右されるからである。その他集団の機能を目標の達成と集団の維持という2つの面からとらえたリーダーシップの研究もある。

　誰でも、一人でいるときと集団でいるときの行動の違いや、集団の意見に心ならずも合わせてしまうといった経験はあるだろう。また自分が所属している集団に高い価値を置き、自分がその成員であることを誇るというように、集団がその個人のアイデンティティに深くかかわっていることもある。人は社会的

存在といわれるように、集団の影響は個人に強く及んでいるのだろう。

Chapter 8 精神医学の基礎

1 はじめに

(1) 精神医学とは
1) 定　義
　精神医学とはどんな学問であろうか。医学には身体医学と精神医学がある。身体医学は身体の障害を扱う学問であり、精神医学は精神の障害を扱う。精神障害とは精神状態の異常や偏りを総称したものである。

2) 精神医学の分類
　①精神症候学、精神病理学、精神科診断学、精神科治療学
　②社会精神医学、地域精神保健福祉
　①は、さまざまな精神障害の表出を把握して分類し、治療する医学としての側面である。これに対して②は、人類が精神障害をどのように扱ってきたかという歴史的・文学的・哲学的な側面である。本テキストにおいても、この2つの視点から精神医学について解説する。

3) 精神医学の専門性
　精神状態の異常や偏りについて生物学的次元から診断して治療する。
　薬物療法・短時間の精神療法が必要な症状を取り扱う。
　心理学も精神医学も、不適応状態に対して働きかけて適応水準を上げる援助をするという目標は同じである。そのために精神医学は、脳機能の器質的変化

や機能的変化などの生物学的変化について原因や誘因を同定し、疾病として分類（診断）し、診断に基づいて治療を試みる。

（2）「正常、異常」と「病気、健康」

正常とは恒常性（自分の状態を一定に保つ力）を維持できることである。これに対し、異常とは社会・文化の平均・許容範囲を超えており、許容範囲よりも価値が低い状態のことである。

平均・許容範囲を超えている状態のうち価値が高いとされる側は、異常とはみなされずに非凡、天才、超人、エリート等と称される。また病気とは平均からかけ離れ、生存に不都合・不利なため治療的対応が必要な状態である。

異常（正常の範囲よりも下）であるが病気ではない人も存在するし、「異常」であり病気である人も存在する。また、非凡（正常の範囲より上）であるが病気ではない人も存在するし、非凡で病気である人も存在する。

最後に精神的健康とは、他者を信頼できる（安定した良好な関係を維持することができる）、他者から必要とされる（勤労など社会活動への参加を継続できる）ことである。精神分析学の祖であるフロイトは、健康とは何かと問われて、愛することと働くこと、と答えた。愛するためには、他者を信頼できなければならない。働くためには、必要とされなければならない。この2つの条件を兼ね備えていないと健康的で幸せな生活を送ることができない、といえよう。

2　精神障害

（1）精神障害の原因

精神障害をきたす原因は、内因・外因・心因に大別される。発達障害は先天性〜周産期の異常が原因と考えられている。パーソナリティ障害は、生来の素質を中核としてその後の成長過程における後天的な環境の影響を受けながら形成されていくと考えられている。

(2) 精神障害の分類

①内因性：統合失調症、気分障害（躁うつ病）、てんかんの一部。
②外因性：アルツハイマー病、脳血管性痴呆、脳炎、頭部外傷、薬物・アルコール依存症など。
③心因性：神経症、反応性精神病、ストレス関連性疾患など。
④発達障害：広汎性発達障害（自閉症、アスペルガー症候群など）。
　　　　　　注意欠陥他動性障害（ADHD）、学習障害（LD）、精神発達遅滞など。
⑤パーソナリティ障害：境界性、自己愛性、反社会性、演技性など。
⑥児童精神医学：発達障害、児童期の神経症（チック、抜毛、不登校、家庭内暴力、摂食障害、手首自傷など）、児童期の統合失調症・気分障害など。

　内因とは、先天的に身体内部に有していると想定される素質を指す。内因として遺伝因も想定されているが、正確な正体は解明されていない。その未知の病因を仮に内因と呼称している。

　外因とは、脳が1次的に侵されたり、他の身体疾患からの影響を受けて2次的に精神障害を起こす原因となるものである。頭部外傷や脳腫瘍、脳炎、感染性疾患、代謝性疾患、内分泌疾患などがある。

　心因とは、心理的な原因である。欲求不満や心的葛藤に由来する激しい感情（多くの場合「怒り」「不安」）を適切に扱うことができない状態が続いた結果、心身の不調や異常となって症状化したものを心因性精神障害と呼ぶ。

　発達障害とは、発達期において認知―コミュニケーション―社会性における質的な異常が明らかになり、最終的に到達する能力が同年代の平均値と比べて低い水準にとどまる障害である。

　パーソナリティ障害とは、パーソナリティの著しい偏りのために、自ら悩むか、または周囲の人が悩む障害である。社会生活・職業生活・家庭生活における適応不良の状態が、青年期以降成人期のほとんどを通じて持続する。

(3) 精神障害の発症

　内因・外因・心因のうち発症の主な役割を果たすものを「主因」と呼ぶ。実際には主因のみで発症することはほとんどなく、少なからず影響を与えるものを「副因」と呼び、副因のうちもっとも主要なものを「誘因」と呼ぶ。誘因は、学業の失敗、失恋、失職、過労、親しい人との分離など多岐にわたる。

　統合失調症の発症の場合で例示すると以下のようになる。

例　：内因性（主因）であるが、心因として家族間葛藤や対人関係の行き詰まりがあり（副因）、仕事の締切に追われての過労をきっかけとして（誘因）発症に至った。

(4) 精神医学的診断の手順

　精神医学においては、心理検査や脳波検査は診断を補助する役割を果たすが、診断を確定する根拠として用いることができる簡便で信頼性が検証された検査は今のところない。したがって、観察や問診を通して把握した「精神症状の構造」から診断を確定する。

1）確定診断の手順

①観察や問診を通して、精神症状の構造を把握する。
②観察・問診・諸検査を通して、除外診断を進める。

2）除外診断

　「外因性→内因性→心因性」の順番で診断を確定していく。

　精神症状の背景に脳自体の障害（器質性疾患）を含む身体疾患が隠れている場合、身体疾患の治療を最優先とする。神経学的検査や血液検査、画像検査などを通して、外因性であるかどうかを確認する。外因性の場合、身体疾患の改善に伴って精神症状が軽快する場合が多い。次に、精神症状が内因性であるかどうかを確認する。外因性も内因性も否定された場合、最後に心因性について検討する。心因（ストレスや葛藤状況）がきっかけ（誘因）なのか、心因が主な原因（主因）なのかを確定する。

(5) 精神医学的診断の方法

診断を下すための情報は、以下のように分類できる。精神症状や状態像に応じて必要な検査や問診内容を選択していく。

①現症の把握　②病歴聴取　③内科的検査・神経学的検査・脳波検査

1) 現症の把握

①観察：表情、視線、態度・感情表出、着衣、身だしなみ、立居振舞い、行動。

②問診：主訴を明確にする。症状が始まった時期、期間、きっかけについて聴取。体験内容の詳細な聴取（幻覚、妄想、作為体験、感情障害など）。全身状態の把握：睡眠、食欲、排尿排便など。外因性・器質性精神症候群（意識障害や認知症）の有無。

①は態度や表情や姿勢、着衣や身だしなみ、話し方、視線の動き、医師と視線を合わせるかどうかなどを観察する。また、全体を通して感じたよそよそしい、表情が硬い、拒絶的、攻撃的、猜疑的、依存的、過度に丁寧などの印象も非常に重要である。

2) 病歴聴取

①主訴および現病歴、②生活歴、③病前性格、④既往歴、⑤家族歴について聴取する。生活歴は、出身、最終学歴、職歴、結婚、子どもの有無などについて聴取する。病前性格を本人および家族から確認し、現在の精神症状の表出と比較することが診断および治療に有用である。既往歴は、治療歴および現在服薬中の薬について把握する。家族歴は、兄弟および年齢差、同居の家族の有無を確認し、患者の生活面および情緒面にもっとも関与している家族員（キーパーソン）を同定する。

3) 内科的検査・神経学的検査・脳波検査

運動麻痺、知覚障害、腱反射の有無・左右差、瞳孔の形状や対抗反射、歩行時のふらつきや姿勢保持の状態などを視診や触診で確認する。必要に応じてX線CT（コンピュータ断層撮影）やMRI（磁気共鳴影像法）などを用いて脳内の器質的な変化の有無を確認する。

（6）主な精神症状

病的な精神状態は、①幻覚・妄想状態　②抑うつ状態　③躁状態　④不安状態　に大別できる。それぞれの代表的な疾患は、①統合失調症、②気分障害（うつ病）、③気分障害（躁うつ病・躁病）、④神経症　であるが、それぞれの精神状態はさまざまな疾患で現れる。このため、たとえば幻覚妄想状態＝統合失調症と早合点しないことが大切である。

1）幻覚・妄想状態

① **幻覚**：実際にはないものを存在すると知覚して体験してしまう状態。

　　分類：幻聴・幻視・幻触・幻臭・体感幻覚。

統合失調症、薬物・アルコール依存症、脳器質性疾患などで出現する。

② **妄想**：誤った考えを事実と確信し、周囲が説得しても修正できない思考内容の異常。

　　統合失調症に典型的：被害妄想、関係妄想、誇大妄想など。

　　気分障害（うつ病）に典型的：貧困妄想、罪責妄想、心気妄想など。

被害妄想は自分は何も悪いことをしていないのに、周囲が自分に悪意を向けてくるという確信である。関係妄想は、周囲に起こっている現実を自らに結びつけて考える。誇大妄想は、現実的な状況から逸脱し、自己を過剰評価したり、実際には存在しない地位・財産・能力があるように思い込む。貧困妄想は、現実にはそうでないにもかかわらず、自分は非常に貧しい、借金を抱えてしまったなどと信じる。罪責妄想は、自分は非常に悪い存在だ、罰せられるべきだ、皆に迷惑をかけているなどと思いこむ。心気妄想は、自分の身体の一部が病気にかかっていると思いこむ。

③ **精神運動興奮**：精神活動の亢進と身体運動の亢進が同時にみられる状態。

　　統合失調症：奇異で唐突な言動や興奮、混乱、自傷行為を示す。

　　躁病：易怒性、易刺激性、抑制の欠如、過干渉など、誇大的で自己本位。

④ **昏迷**：意識は正常だが呼びかけても応答せず、意思の発動がみられなくなった状態。

⑤ **拒絶**：よそよそしく攻撃的、易怒的で近寄りがたく身構えている状態。

拒絶は統合失調症の患者に多く見られる。統合失調症の症状である迫害不安や被害妄想に由来する被害的・猜疑的傾向の現れである。こちらに敵意や悪意がないと安心できる関係性を構築するにつれて、拒絶は少しずつ改善されていく。

⑥ **自閉**：能動性や活動性、外界に対する意欲が低下し、内的世界にひきこもって孤立した状態。

孤立を好み、一日中自室にひきこもって臥床傾向で無為に過ごす。統合失調症の陰性症状の主症状であり、不信感や猜疑心のあらわれという側面を有する。

2）抑うつ状態

憂うつな気分が続き、興味関心・意欲が低下し、思考が沈滞している状態。何も頭に浮かんでこない（内的抑制）、おっくうでやろうとしてもできない（外的抑制）ために自発的な行動が困難になり、食欲が低下し、体重減少、便秘、頭痛、睡眠障害などが現れる。また抑うつは人間の健康的な精神活動に伴っても出現し、抑うつに向き合うことが精神的成長につながる。

3）躁状態

楽観的で前向きな気分が続き、興味関心・意欲が亢進し、思考や行動に歯止めがかからない状態。ほとんどの場合躁状態の前後に抑うつ状態が見られる。

4）不安状態

① **不安**：自分で対処できないと感じるときに発生する、明確な対象を持たない恐れの感情。

強い不安を感じると落ち着きがなく行動にまとまりがみられなくなる。頭痛・めまい・吐き気・息苦しさ・発汗・動悸・頻脈などの自律神経症状があらわれる。一人ではいられず、周囲に助けを求める。

② **心気**：自分の精神状態や健康状態に対して、重い病気ではないかと過度にとらわれて不安になり思い悩む。

病気であるという確信が強固で訂正不能な状態になると心気妄想となる。心

気的訴えの背景には、さびしさや孤独感があることが多い。

　③ **強迫**：無意味、不合理であると理解している考えや行動を、抑えようと努力するほど不安が強くなる状態。

不合理な考えが頭から離れず(強迫観念)、不合理な行動を繰り返してしまう(強迫行為)。例：ガスの元栓をしっかり確認したことを覚えているにもかかわらず、閉めたかどうか・家が火事になっていないかどうかがどうしても不安になり(強迫観念)、外出先から戻って確認してしまう（強迫行為)。

3　治療総論

　精神障害は急性期と寛解期（慢性期・安定期・維持期）に大別される。急性期においては精神症状への対応が主となるが、寛解期においては、生活障害（病気の結果生じた社会生活や日常生活の困難さ）への幅広い対応が必要となる。このため、複数の専門職が役割を分担して治療にあたる。

（1）精神科チーム医療

医師：医療面での責任を引き受ける。診断・治療・投薬を行い、他職種のスタッフに患者への対応を依頼する。

看護師：医師の診療の補助および、患者の生活面の責任を分担する。日常的なケアを通して、心身両面から援助を行う。外来において在宅患者への訪問指導看護を行う。

精神保健福祉士（PSW）：福祉医療の諸制度や社会資源の有効利用と連携を図る。家族間調整や入退院を円滑に進める地域との橋渡しを務める。個々の患者に対するケースワーク、家族会やデイケアなどのグループワーク、地域への働きかけや啓蒙活動などを行う。

臨床心理士（CP）：個人や集団を対象として、心理療法や心理テストを行う。PSWとともにデイケアなどのグループワークも担当する。

作業療法士（OT）：音楽や手工芸などの創作活動や作業、レクリエーションなどを通して、対人交流能力や身体・精神機能、社会性の回復・増進を促す。

精神障害者の回復には、病気の症状の改善のみならず、症状に伴って低下した対人交流能力や生活能力、損なわれた人間関係や家族関係の修復などに対して援助していくことが必要である。したがって、多職種がお互いに相手の専門性を尊重し合いながら密に情報を交換し合い、自らの役割を責任もって分担するチーム医療が重要となる。

（2）急性期への対応

精神状態を安定させるためには、適切な薬物療法と同時に、安定した安心できる環境を提供することが不可欠である。自宅や自室が安定、安心を提供する機能を有している場合は自宅療養を基本方針とするが、患者と家族が同居している状態が家族間葛藤や緊張を高めている場合は、患者・家族がお互いに休養することを目的として入院治療を検討する。

（3）薬物療法

精神科領域で用いられる薬物は主に6種類に分類される。各薬物は以下の症状に対して有効である。

①抗精神薬：幻覚・妄想状態、攻撃性、無為自閉状態など。
②抗不安薬：不安・焦燥感、強迫症状など。
③抗うつ薬：うつ状態、強迫症状など。
④感情調整薬：躁状態、うつ状態など。
⑤抗てんかん薬：てんかん発作、躁状態、幻覚妄想状態など。
⑥睡眠薬：睡眠障害（入眠困難、中途覚醒、早朝覚醒、昼夜逆転など）。

不安定な精神状態においては睡眠障害を合併することが多い。睡眠薬を用いて睡眠のリズムを整え、脳を十分に休ませることが重要である。また1990年代

以降、副作用が少なく十分に効果を発揮する新世代の抗精神病薬および抗うつ薬が次々と開発され、外来治療の幅が広がり、入院期間の短縮化にも大きく貢献した。

（4）寛解期（安定期、維持期）への対応

寛解期においては薬物療法の継続とともに、服薬指導、疾病への理解・受容促進、生活指導、就労支援など、生活全般にわたる対応が必要となる。自己判断による服薬中断が症状の再発・再燃につながりやすいため、治療経過を通して医師・医療スタッフとの信頼関係を積み重ねていくことが重要である。

4　精神疾患各論

各精神症状は特定の精神疾患に固有のものではない。たとえば、幻覚妄想状態という症状があっても統合失調症とは限らない。面接を通して各精神疾患に特徴的な病理の構造を把握することで、統合的に判断を確定していく。

（1）統合失調症

かつては精神分裂病と呼称されていたが、精神そのものが分裂しているというイメージを与え、患者の人格の否定や誤解、差別を生み出してきた経緯があるため、統合失調症と改名された。思春期から青年期に発症することが多く、小児期の発症や老年期での発症もみられる。生涯発病率は約0.85%（120人に1人）であり、まれな病気ではない。好発年齢には性差があり、男性では15〜19歳、女性ではやや遅く20〜24才に発症のピークがある。

原因は不明である。遺伝的要因と環境要因の両方が発症に関与していると考えられている。家族や母親の養育態度が発症に関与しているという心因説は現在では否定され、症状の悪化要因ではあっても原因ではないとされている。中脳辺縁系における興奮系の神経伝達物質ドーパミンの過剰が、幻覚や妄想など

の陽性症状に関与している。中脳皮質神経路の活動低下が無為自閉などの陰性症状に関与している。

1）陽性症状

自我意識の障害であり、統合失調症の主症状である。以下①〜④に分類される。

① **思考過程の障害**：話にまとまりや脈絡がなくなる（連合弛緩、減裂思考など）。
② **思考内容の障害（妄想）**：誤った考えを確信し、訂正不能（被害妄想、注察妄想など）。
③ **知覚の障害（幻覚）**：実際にはないものを存在すると知覚して体験してしまう。幻聴がもっとも多い。
④ **意志・意欲の障害**：興奮・昏迷・拒食拒薬など。

2）自我意識の障害

考想伝播：自分の考えが他人に伝わっていると感じる。
考想吹入：他人の考えが入ってくると感じる。
考想奪取：自分の考えが他人に奪われる、吸い取られると感じる。
考想察知：自分の考えは他人に知られていると感じる。

自己と他者を区別することの障害。内的な思考や知覚が外部に由来していると感じられ、どこまでが自分の感覚なのかわからなくなり極度の不安と恐怖を伴う。たとえば、自分が考えた内的な思考を他者の考えととらえて考想伝播が生じ、考えが盗聴されるという被害関係妄想へと展開する。

3）減裂思考、連合弛緩

減裂思考は、ばらばらで関連性のない考えが次々と発せられて話の内容が理解できない状態である。連合弛緩は、減裂思考よりも軽度だが話にまとまりがなく理解が難しい状態である。

4）妄想の種類

被害妄想：他人が自分に悪意や攻撃を向けてくると考える。
関係妄想：周囲の出来事をすべて自分と関係づけて考える。

注察妄想：常に誰かに見張られていると感じる。
追跡妄想：誰かに跡をつけられていると感じる。
心気妄想：身体的病変はないのに、自分は不治の病にかかったと思い込む。
誇大妄想：自分は偉大な人物だ、金持ちだなどと思い込む。
宗教妄想：自分は救世主だ、預言者だなどと思い込む。
嫉妬妄想：配偶者や恋人が浮気をしていると思い込む。
被毒妄想：飲食物に毒を入れられていると思い込む。
血統妄想：自分は天皇の隠し子だ、貴族の出身だなどと思い込む。
家族否認妄想：自分の家族は本当の家族ではないと思い込む。

5）幻　　聴

　自分が考えた内的な発声を他者の音声だととらえてしまう結果、幻聴が生じる。正体不明の声の理由づけとして悪魔がついた、狐がついた、霊が話しかけてくる、宇宙人が交信してくる、頭に電波が入ってくる、脳の中に装置を埋め込まれたなどと妄想的に解釈する。

6）陰性症状

思考の障害：常同的思考、抽象的思考の困難。
感情の障害：感情鈍麿、疎通性の障害（感情が平板化し、情緒的な交流が持てない）。
意志・意欲の障害：無為自閉、無関心、自発性・意欲の低下、現実検討力の低下。

7）治　療　法

　薬物療法、電気けいれん療法、作業療法、デイケア、心理教育、集団精神療法、認知行動療法、SSTソーシャルスキルトレーニングなど。

　電気けいれん療法は、人工的にけいれん発作を誘発させ、強度の幻覚妄想・興奮状態・昏迷状態・拒食を改善させる。かつて入院患者への見せしめ・懲罰として用いられた時代があったが、適切に用いれば副作用も少なく劇的に症状が改善する。薬物療法が奏功しない場合に用いられる。

　作業療法は、園芸、農作業、木工、陶芸、皮細工などの作業活動という共有

体験を通して、他者信頼感や自己信頼感の向上を促す。

心理教育は、病識（自らが精神疾患に罹患しているという自覚）の不足は服薬の自己中断から再発率を上昇させるため、心理教育を通して患者や家族が病識を持つことを援助し、疾患との上手なつき合い方を学び、服薬・治療意欲の向上を図る。

（2）気分障害（感情障害）（うつ病・躁うつ病）
1）気分障害の分類
うつ病：うつ状態を繰り返す。

躁うつ病：うつ状態と躁状態を繰り返す。

躁病：躁状態を繰り返す。まれ。

仮面うつ病：身体症状が前面に出ているうつ病。正式な疾患名ではない。

気分変調症：慢性的な抑うつや倦怠感が2年以上続く。

2）うつ病の病理構造
①罪責感・自責感　〜希死念慮・自殺企図。

②精神運動抑制：おっくう、頭が動かない、何も頭に浮かんでこない、体が動かない。

③喜び・興味関心の消失。

④未来喪失・過去肥大。

3）うつ病の病前性格
①メランコリー親和型（中高年のうつ病）、②ディスチミア親和型（青年期以下のうつ病）、③循環気質：社交的で温厚、優柔不断（躁うつ病）

4）ディスチミア親和型とメランコリー親和型の対比

ディスチミア親和型	メランコリー親和型
青年層	中高年層
自己自身への愛着	社会的役割・規範への愛着
不全感・倦怠感	焦燥感・抑制
回避と他罰（他者への非難）	疲弊と罪業感（申し訳なさの表明）
衝動的な自傷	熟慮した自殺企図
規範を「ストレスである」と抵抗する	規範に対して好意的で同一化を図る
秩序への否定的感情と漠然とした万能感を有する	秩序を愛し、配慮的で几帳面
もともと仕事熱心ではない	基本的に仕事熱心

(樽味伸，2005より抜粋)

　発症年齢はほぼ全生涯にわたり、生涯有病率は男性で約15％、女性で約25％。こころのカゼと呼ばれるほど誰にでも起こりうるありふれた疾患である。引越しや昇進、親しい人との離別・死別など、自ら望まない環境の変化がきっかけとなりやすい。外来診療場面におけるうつ病圏の受診者数は急増している。原因は不明。脳内の神経伝達物質（セロトニン）の濃度が低下している。従来の病前性格の典型とされたメランコリー親和型に代わってディスチミア親和型が増加している。

5）うつ病の症状

　①憂うつ気分（抑うつ気分）、②内的抑制：頭が動かない、何も頭に浮かんでこない、③外的抑制：体が動かない、おっくう、④慢性的な疲労感、⑤喜び・興味関心の消失、⑥過去の失敗に対する過度のとらわれ、⑦決定困難感、⑧気分の日内変動、⑨悲哀、もの悲しさ、⑩罪責感・自責感　〜希死念慮・自殺企図、⑪睡眠障害、⑫身体症状：食欲低下、体重減少、性欲低下、頭痛、便秘、頭重感。

6）治　　療

　薬物療法、環境調整および精神療法、認知行動療法、電気けいれん療法など。
　抑うつ状態は治療をしなくても数ヶ月から数年で自然軽快するが、薬物療法によって抑うつの症状を軽減でき期間を短縮することができる。回復後も継続して服薬することが再発予防に効果的である。認知行動療法は、自分の考え方

（たとえば自分が周囲から嫌われているに違いない、他人に悪い印象を与えてはいけない）を変容することによって、情緒や行動をコントロールすることを目指す。電気けいれん療法は、昏迷状態や抑うつに自殺企図や妄想状態が加わって薬物療法が奏功しない場合に適応となる。

7）環境調整および精神療法

病前性格によって対応が異なる部分もあるが、うつ病への対応の基本は以下①〜⑤にまとめられる。

　①休ませる：心理的に負担を感じている状況から離れ、十分な休養と睡眠を確保する。
　②励まさない：たとえば、「うつ病は、十分に頑張り過ぎた人がなる病気なんですよ」等。
　③自殺は絶対にしないと約束させる。
　④うつ病は必ず治ることを保障する。
　⑤重要な決断は先延ばしにする。

離婚・退職など関係性を断ち切る決断をしたがるのはうつの症状であり、うつ状態から回復した後、後悔することになる。

8）躁うつ病の躁状態・躁病

躁状態は躁うつ病におけるうつ病相の後に引き続いて出現することが多い（躁転）。躁状態が単独で表れる躁病はまれである。周囲と頻繁にトラブルを起こしたり、次々と高額な商品を購入したり契約をしたりし、不眠不休で活動して家族を夜中でもかまわずたたき起こすなど、行動にまとまりがなくなる。このため、本人および家族の休息を目的として入院治療とすることが多い。薬物療法が中心となるが、奏功しない場合は電気けいれん療法の適応となる。

9）仮面うつ病

身体症状が前面に出て（仮面をかぶって）、一見すると抑うつが目立たないうつ病の状態を指す。自律神経失調症と説明される心身の不調の背景にうつ病があることも少なくない。精神医学の正式な診断名ではない。

10）気分変調症

比較的軽度の憂うつ気分および倦怠感、抑うつ症状が２年以上慢性的に続く。背景には自己不信（自分に自信がない）と自己不信の否認である自己愛の病理（自分は特別である）が存在することが多い。

（3）神 経 症
1）神経症とは

自分がしたいこと（欲望や願望、自己実現）を実行しようとすると、未解決のまま抑圧しているエディプス・エレクトラ葛藤（もっともしたいことをできない状態）が再燃して意識に上り始め、激しい不安と恐れを感じる。これがさまざまな症状となってあらわれているのが神経症である。

① **葛藤**：相反する２つの感情が同時に沸き起こり、どちらも選ぶことができずに板挟みになる状態。

エディプス葛藤（女性の場合はエレクトラ葛藤）は、それまでの母親との二者関係から父親（および他者）の存在を意識した三者関係へと発達する際に向き合う葛藤であり、ここから罪責感や社会性が芽生えていく。

② **抑圧**：想起すると苦痛を伴う考え（葛藤）を無意識の領域に押し込めてその考え（葛藤）を自分が保持していることそのものを意識しなくなった状態。

欲望の原型は、エディプス期におけるお母さんを独占したい、お父さんを独占したいである。抑圧が成功して精神状態が安定している状態では、抑圧していることを他人に指摘されても本人は気づかない。

③ **去勢不安**：無意識の領域に押し込めたはずの考え（葛藤）が抑圧しきれなくなり、意識に上り始めたときに感じる父親の怒りに触れて処罰されるのではないかという恐れの感情。

去勢不安は、よこしまなことを考えたら社会的に制裁を受け、両親の愛情を失うという良心の不安や社会的な不安、過度の従順さや秩序愛へと発展する。

2）神経症の種類

① **全般性不安障害**：制御することが難しいと感じている過剰な不安と心配が日常的に続く。

② **パニック障害**：急に起こるパニック発作（激しい不安、死んでしまうのではないかという恐怖、動悸、呼吸困難、冷汗などが10分〜1時間程度続き、いてもたってもいられなくなる）が繰り返し起こる。広場恐怖（混雑した場所や広場など逃げられない場所に行くと、パニック発作が起きてしまうのではないかと不安になる）を伴うことが多い。

③ **恐 怖 症**

対人恐怖：あまり親しくない他人と同席する場面で強い不安と緊張を生じ、そのために他人に不快感を与えて嫌がられるのではないかと思い対人関係を回避する。赤面症、会食恐怖などを伴う。

視線恐怖：周囲から変な人間だという視線で見られていると思い込む。また、自分の鋭い視線のために相手に不快な思いを与えていると思い込む。

④ **強迫性障害**：強迫観念と強迫行為（ばかばかしいと思っても、繰り返し考えたり、行ったりしないといられない）のために日常生活に支障をきたす。外出時のカギ締めや書類の間違いなどを、いくら確認しても不安になって、繰り返し確認せずにはいられない（確認強迫）、手が汚れているという考えに支配されて、何度も何時間でも手洗いを繰り返す（洗浄強迫）など。

⑤ **心 気 症**：重大な病気にかかってしまったという不安にとらわれて検査してほしいと訴え続ける。

⑥ **転換性障害（ヒステリー）**：ストレスや心因が身体の症状に転換されて出現するが身体機能に異常はない。本人は自分で症状を作り出している自覚はないが、症状のおかげで保護や注目、利益を得ることができる（疾病利得）。

運動麻痺：突然歩けなくなる、手が動かなくなる。

感覚麻痺：声が出なくなる、手足や顔の痛覚がなくなる。

⑦ **身体化障害**：身体の複数の痛みや違和感などがある状態が慢性的に続いている。腰痛、頭痛、下痢、月経不順など。
⑧ **身体醜形障害（醜形恐怖）**：自分の外見に過度にとらわれ、頻繁に鏡で確認し続けるなど日常生活に重大な支障をもたらす。
⑨ **疼痛性障害**：身体的には異常がないにもかかわらず、深刻な痛みが続いて社会生活に支障をきたす。
⑩ **離 人 症**：自分の心や身体から離れて、あたかも自分が外部の傍観者であるかのように感じる。自分と周囲の間に幕がかかって隔てられているような距離を感じる。
⑪ **解離性健忘（記憶喪失）**：生活史や家族歴のような重要な個人情報や外傷的または強いストレスを伴った出来事を忘れてしまう。健忘は、数分から数時間、ときには数日〜数年に及ぶ。
⑫ **解離性遁走**：突然職場や自宅から失踪し、家から離れた場所で生活していたり、別の場所で意識を失って倒れて警察に保護されたりする。
⑬ **解離性同一性障害（多重人格）**：2つ以上の交代人格が交互に表れる。人格同士は基本的に相手を認識していない。人格が交代している時間は記憶の欠落した時間として自覚される。児童期の性的虐待などの心的虐待からの精神の破局を回避するための解離現象。
⑭ **外傷後ストレス障害 PTSD**：地震などの自然災害、犯罪被害、児童虐待などの心的外傷を経た後に、不安症状や自律神経症状、フラッシュバック（突然生々しい感覚とともに湧き上がってくる）等が反復して出現する。
⑮ **摂食障害**：肥満への過度の恐怖から極端なダイエット、自己嘔吐、下剤乱用などによって低体重を維持しようとする。神経性無食欲症（拒食症）と神経性大食症（過食症）に分類される。

3）治　　療

症状を緩和・軽減させ、症状がもたらしている生活上の不適応を、より適応的な状態へと改善する。

薬物療法によって症状を緩和・軽減させることが主要な治療となる。その上で、必要性と本人の希望に応じて、精神療法（心理療法・カウンセリング）を導入していく。

4）薬物療法

症状に応じた薬物にて症状の緩和を図る。抗不安薬（主にベンゾジアゼピン系）や新世代の抗うつ薬（SSRI、SNRI）が用いられる。

5）精神療法（心理療法・カウンセリング）

無意識下に抑圧してきた葛藤や欲望を想起し、「ああ、自分はこんなにも～と思っていたんだ」と自分で気づかないようにしてきた感情（怒り、嫉妬、羨望、さびしさ等）に気づくことで（無意識の意識化）、抑圧していた感情が解放され（カタルシス）、神経症の症状が軽減・消失していく。

（4）発達障害

発達障害や精神発達遅滞の分類や用語は複数存在しややわかりにくい。精神発達遅滞を発達障害の一部とする分類と、独立しているとする分類がある。本書では、精神発達遅滞は発達障害の項で説明する。

1）発達障害とは

①発症時期が幼児期か小児期である。
②機能発達の障害もしくは遅滞は、中枢神経系の発達に関連している。
③経過は安定しており、寛解と再燃を伴わない。

言語・視空間技能・協調運動などの障害を伴うことが多い。成長に伴ってこれらの障害は少しずつ改善するが、成人になってもある程度は残存する。遺伝要因・家族歴との関連は必ずしも明らかではなく、原因は不明である。男児の方が女児の数倍多く見られる。

発達障害は、適切に対応されずに叱られ続けると抑うつ、不登校、チックや抜毛などの二次的な情緒障害や自尊心の低下をきたしやすい。障害についての十分な知識が行き渡らないと両親の負担や困難さが周囲に十分に理解されず、

4　精神疾患の病理の構造

障害児のみならず両親や学校も混乱と困惑に苦しむことも少なくない。

2）発達障害の分類

①広汎性発達障害

　　　自閉症：通常3歳までに出現する。広汎性発達障害の中核群。
　　　高機能自閉症：自閉症のうち、知能が低くない。
　　　アスペルガー症候群：自閉症のうち、知能・言語発達に問題が少ない群。
　　　男児は女児の約8倍多い。

②注意欠陥多動性障害（ADHD）

③精神発達遅滞：生理型、病理型。

④特異的発達障害：書字・読字・算数・発達性協調運動障害など。

近年、教育現場において発達障害の理解が普及し、発達障害を背景に持つ子供の神経症的症状や問題行動へのより適切な対応法が検討されている。

3）広汎性発達障害

自閉症を中核群とし、下記①〜③全てを満たす。自閉症は男児が女児の3〜4倍多い。

①対人相互反応における質的障害：視線が合わない、他人の苦痛を理解しない。

②意志伝達の質的障害：抱っこを喜ばない、ごっこ遊びができない。

③興味や想像力の限局性、常同性：手を叩く、ねじるなどの自己刺激的な反復運動。特定の物体に対する特別な執着。日時・時刻表などへの没頭。

広汎性発達障害の出現頻度は0.6〜0.7%である。心因性の障害ではなく、脳の器質性障害、特に言語認知を中心とする認知機能の障害である。同一性の保持の傾向（こだわり）が強く、かんしゃく発作や攻撃性、自傷行為を伴うことが多い。70〜80%に精神発達遅滞を伴う。

4）注意欠陥／多動性障害（ADD／ADHD）

①注意の転導性の障害：注意力散漫で、集中力が持続しない。

②多動性：手足をそわそわと動かし、授業中に立ち歩いてしまう。

③衝動性：質問が終わらないうちに答えてしまう、道路に飛び出してしまう。

④二次的な情緒障害：障害のためにいつも叱られ続けることで自己評価が低くなる。

　注意欠陥障害 ADD は、寡動性が強くぼんやりとして空想の世界にいつまでも入り込んでしまう。女児に多い。注意欠陥多動性障害 ADHD は、多動性・衝動性が強くすぐに飽きて強い刺激を求めて危険な行為を行う。男児に多い。いずれも知覚過敏（周囲の音や動きに敏感）を伴いやすい。

5）精神発達遅滞

　知能の発達が遅れ、最終的に到達する知的能力も低い水準にとどまる障害。統合失調症や気分障害を合併しやすい。生理型は発達の遅れが主体であり、行動の異常や精神症状は呈さないことが多いが、心因反応や短絡反応は起こしやすい。病理型は先天性の代謝障害、頭部外傷、奇形などの中枢神経の損傷を伴い、行動の異常やてんかん、精神症状を呈しやすい。

6）治　　療

　行動療法、教育的トレーニング、認知発達治療、療育指導、薬物療法、環境調整などを組み合わせて行う。

　広汎性発達障害についてはさまざまな治療的技法が試みられている。たとえばスケジュールをわかりやすくするなど児を取り巻く環境を構造化して調節する。また、理解力を高めて適応行動の獲得を促し、異常行動や不適応行動を予防していく。

　ADD／ADHD は知能に問題がない場合が多いため障害として気づかれにくい。早期に障害として同定し、達成したことだけでなく努力を誉める、個別指導で集中力維持を喚起する、教室では先生の目の前に座らせるなどの対応を通して、二次的な情緒障害を防止する。薬物療法が奏効する場合がある。

　精神発達遅滞については、言語治療教室・療育センター・特殊学級・養護学級などにおいての知能や障害に合わせた療育的指導が中心となる。療育は、言葉がけ、皮膚刺激、四肢の協調運動の訓練などを継続して行う。衝動性や攻撃性が強い場合は薬物療法を併用する。

(5) パーソナリティ障害 (人格障害)

「人格」という言葉はあの人は人格者であるなどと価値観や道徳観の成熟度という価値判断を含むため、近年はパーソナリティ障害が用いられることが多い。

1) パーソナリティ障害とは

社会的場面の行き詰まりに対して他責他罰的 (自分は悪くない、周囲の対応や環境が悪い) で内省・洞察 (自分に問題点はないのだろうか、自分の側に工夫できる点はないのだろうか) に乏しいという点で共通する。以下の①～③が特徴的である。

①所属している文化が期待する平均的な認知行動パターン (自分や他人や出来事に対する受け取り方、感情表現、対人関係、衝動コントロール) から著しく逸脱している。

②このため、本人あるいは周囲が持続的に悩んでいる。

③青年期までに明らかになり、症状は固定的で持続する。

2) パーソナリティ障害の分類

① **第1群:風変わり、突飛、奇妙さを示す** (精神病性不安)

妄想性:他人の動機を悪意あるものとして解釈し、周囲に対して病的な不信や疑いを持つ。

分裂病質:孤独を好み、家族も含めて親密な関係を持たず、他人の賞賛や批判に無関心。

分裂病型:親密な関係に不安を示し、被害的になりやすく疑い深く妄想的。

② **第2群:演技的、情緒的不安定を示す** (うつ病性不安)

反社会性:良心の呵責が欠如しており、一見愛想良いが嘘、怠学、家出、窃盗、喧嘩、物質乱用等の反社会的行動や犯罪行為を繰り返す。

境界性:感情、自己像、対人関係が不安定で衝動性が強い。慢性

　　　　　　的な空虚感や激しい怒りから手首自傷、家庭内暴力薬物依存、性
　　　　　　的逸脱等を起こす。
　　　　　演技性：他人の注目を求めて過度に印象的・性的に誘惑的・芝居
　　　　　　がかった態度を用いる。
　　　　　自己愛性：誇大的で自分は特別であるという特権意識が強く、傲
　　　　　　慢で共感性に欠ける。
　③ **第3群：不安や恐怖を示しやすい（神経症性不安）**
　　　　　回避性：批判されること、拒絶されることを恐れて対人関係や社
　　　　　　会的活動を回避する。
　　　　　依存性：従属的でしがみつく行動をとり、一人になると不安や無
　　　　　　力感を感じる。
　　　　　強迫性：完全主義、過度に良心的、融通が利かず、計画や予定に
　　　　　　とらわれて娯楽や友人関係を犠牲にしてまで仕事に過剰
　　　　　　にのめり込む。

3）治療法

薬物療法と精神療法に大別される。

精神療法的対応：安全と安心が保障された時間と場所を提供する。
　　第1群に対して：侵入的と感じさせないよう支持的・受容的態度を重視す
　　　　　　る。
　　第2群に対して：信頼関係の構築のもとで、生活環境や対人交流の偏りに
　　　　　　ついての指導的側面が必要である。同時に内面の葛藤や
　　　　　　抑うつ感情に向き合うことを促す。
　　第3群に対して：抑圧された怒りや分離不安を明らかにしていく。

このように、根本的に治療しようとするのではなく、現在の社会生活における行き詰まりについての適応水準を上げることを治療目標として設定する。

（6）認知症（痴呆症）

1）認知症とは

後天的な脳の障害によって、正常に発達した知能が持続的に低下した状態。アルツハイマー病と脳血管性痴呆に大別される。臨床場面で用いやすい簡便なスクリーニングとしては、長谷川式簡易知能評価法がもっとも普及している。

2）認知症の症状

記銘力障害：新しいことを覚えられない、思い出せない。

見当識障害：時間・場所・人物や周囲の状況が分からなくなる。徘徊につながる。

妄想・幻覚：お金を取られた（物盗られ妄想）、食事をさせてもらえていない等と信じ込む、そこにいない人と会話する。

異食・過食：土や草などを食べてしまう、食事をしてもすぐにまた食べてしまう。

昼夜逆転：昼寝が多くなり、夜間に奇声を上げたり徘徊する、家人を起こして回る。

攻撃的言動：介護への抵抗、暴言、暴力。

不安や依存：一人になることを怖がるなど。

3）アルツハイマー病

神経細胞が徐々に脱落していく。脳全体の萎縮が見られる。知的機能・認知機能は徐々に悪化。全般的痴呆。脳内の神経伝達物質（アセチルコリンなど）が減少している。原因は不明。女性に多い。

4）アルツハイマー病の経過

前駆期：物忘れが多くなり、気力の低下や疲れやすさを訴える。

初期：記銘力障害が出現。新しいことを学習できない、昔の記憶をなかなか思い出せない。頼まれ事や予定を忘れる。怒りっぽくなる、悲哀的、無関心など性格変化がみられる。

中期：見当識障害：迷子になって帰って来れない。衣服の着脱ができない、

買い物ができない、あれ、それが多くなり単語数が減る。落ち着きがなくなり、徘徊する。記銘力障害に関連して、物取られ妄想や被害妄想が出現。

後期：人格が平板化して発語もなく、歩行困難となり寝たきりになる。四肢の拘縮・屈曲姿勢が強まり、尿便は失禁状態となる。経口摂取困難となり、肺炎などの身体合併症などをきたしやすくなり、衰弱して死に至る。

発症年齢および進行は個人差が大きい。早発型（６５歳以前の発症）は進行が早い傾向がある。根本的な治療法はない。薬物療法にて初期から中期にかけての症状を緩和させることはできるものの、症状の進行を食い止めることはできない。不眠や興奮などの症状に対して向精神薬を用いる。

5）脳血管性痴呆

脳出血や脳梗塞などの脳血管障害による脳実質の一部の壊死のため、痴呆症状が出現。発病は比較的突然で、頭痛・めまい・しびれなどの症状を伴うことも多い。記銘力が低下しても判断や理解力は比較的保たれるなど、残存能力に差がみられる（まだら痴呆）。脳血管障害の悪化に合わせて、階段状に増悪する。感情失禁（その場に似つかわしくない不適切な感情表現）がみられる。男性に多い。

治療としては、脳血管障害の原因である動脈硬化や高血圧、高脂血症、糖尿病などの基礎疾患の治療・改善に努める。またせん妄は痴呆症状を強めるため、睡眠薬を用いて睡眠リズムを整える。

（7）依 存 症

1）依存症とは

精神に作用する物質の摂取や、快感や高揚感を伴う特定の行為を反復した結果、それらの刺激なしにはいられない状態になった疾患。

2）依存症の分類

物質に対する依存：アルコール依存症、タバコ依存症、薬物依存症など
行為に対する依存：買い物依存症、ギャンブル依存症、メール依存症、ゲーム依存症、仕事依存症など

人間関係に対する依存：共依存、恋愛依存など

3）精神依存と物質依存

精神依存：気分変容の快感を求めて物質の摂取や特定の行為を繰り返す。

身体依存：物質の使用を中止すると、不眠、不安、振戦、発汗、痙攣発作、幻覚妄想、自律神経症状などの離脱症状（禁断症状）が出現する。

4）中枢興奮性と中枢抑制性

中枢興奮性：コカイン、覚せい剤、幻覚剤（大麻）。精神依存は形成するが身体依存には至らない。

中枢抑制性：アルコール、大麻、バルビツール系睡眠剤、ヘロイン。精神依存とともに身体依存も形成する。

離脱症状はきわめて不快であるが依存物質の再摂取によって消失するため、二次的に精神依存が増強しやすい。大麻は身体依存が少ないため入門用として手軽に試されやすい。ヘロインは乱用薬物の頂点に位置し強力な身体依存を形成する。多幸感、縮瞳、呼吸抑制などをきたすが幻覚妄想は生じにくい。

5）耐性・逆耐性

耐性：初期と同様の薬物の効果を得るために、摂取量がだんだん増えていく。

逆耐性：以前よりも少ない摂取量で同等の効果が得られるようになる。覚せい剤に特徴的。

6）フラッシュバック

薬物の反復使用による脳内に不可逆的変化が生じたため、薬物の使用を中断した後も、薬物の再使用・飲酒・精神的ストレスなどの刺激をきっかけにして再び幻覚妄想状態に戻ってしまう。

7）アルコール依存症

アルコールの長期間にわたる摂取によって、精神依存および身体依存、耐性が形成された状態。

女性は男性と比べて肝臓のアルコール代謝（分解）能力が低いため、少量・短期間の摂取で依存症になりやすい。アルコール依存の自覚なしに毎日飲み続

けている人が、身体疾患などで入院を機に断酒して数日後、せん妄状態（意識障害＋幻覚妄想）や痙攣発作などの離脱症状が出現することがある。

8）アルコール精神病

離脱症状におけるせん妄・幻視（小動物や虫が群がっている）・幻覚妄想状態。
コルサコフ精神病：記銘力低下、見当識障害、作話。
ウェルニッケ脳症：ビタミンB1の欠乏のため、眼球麻痺、運動失調、記銘
　　　　　　　　　力障害などが出現。

離脱症状によるせん妄状態は、数日〜1週間程度続き、深い睡眠で終わる。放置すれば不眠状態が続いて死に至ることもある。コルサコフ精神病やウェルニッケ脳症は、アルコールによって脳自体が器質的変化を起こしており、断酒後も症状は固定しており回復しにくい。

9）薬物依存

覚醒剤：疲労感が取れて気分が高まり活動性が亢進するが、精神依存性が極めて高く、離脱時の眠気や倦怠感などの反跳現象が乱用を促進する。長期の常用で、統合失調症に類似した幻覚妄想状態となる（覚醒剤精神病）。フラッシュバックが特徴的である。

有機溶剤（シンナー、トルエン）：陶酔感や多幸感、幻覚などが生じる。脂溶性であるため、神経細胞膜を溶かして脳に不可逆的な変性を促す。末梢神経障害、小脳変性による歩行障害、視力障害などの深刻な合併症を引き起こす。

10）依存症の治療法

完全に断酒・断薬した状態を一生維持する。自助グループ（断酒会、AA）の活用。家族会（家族への心理教育）の活用。

断酒・断薬から何年経っても、少量の摂取をきっかけとして依存状態に戻ってしまう（スリップ）ため、摂取を生涯断つという本人の強い意志が必要である。依存症の患者同士が失敗体験を話し合うことで断酒・断薬の意志と動機づけを確認し合って維持していくために、自助グループが有用である。

また家族会や家族教室を通して、「家族が尻拭いをするから本人が安心して

飲酒や薬物摂取を続けられる（イネイブリング）」ことを家族が理解することが必要である。飲酒に対する「否認」（「自分には何の問題もない」「悪影響が出るほど酒を飲んでいない」）が依存症の症状であるという理解を家族に促すと同時に、飲酒問題を本人が認めること（直面化）を促していく。

5　おわりに

（1）予防精神医学

地域精神医学の理論を発展させたアメリカのカプラン（Kaplan, H. S.）は、地域精神医学を第一次予防、第二次予防、第三次予防からなる予防精神医学という概念としてとらえた。

第一次予防：発生の予防。
第二次予防：早期治療、早期発見による慢性化防止、再発予防。
第三次予防：リハビリテーションによって生活障害を減らす。

第一次予防として、保健所・精神保健センター・児童相談所などが環境改善や相談業務の役割を担っている。第二次予防は、早期発見早期治療を通して罹病期間・慢性化率を減らすことを目的としている。このため、状況に応じた危機介入が必要になる。第三次予防は、リハビリテーションを通して生活障害を減らすよう働きかけ、再発を予防すると同時に必要に応じて危機介入も行う。精神保健福祉活動は、第三次予防を中心として第一次・第二次予防にも効果的に働きかけていくために、以下の関係機関が連携していくことが求められている。

（2）差別と偏見

差別とは相手が自分と異なっていることを理由に他者を排除しようとする心の動きであり、偏見とは根拠に基づかない一方的な決め付けのことである。そ

してこれは対処不能な未知の存在に対する不安から生ずる。では、未知な存在に対する不安をどう扱えばいいのだろうか。自分で対処可能であると感じることができると、不安はなくなる。そのためには、以下のことが必要である。

①不安を感じる対象を回避せず、向き合って直接体験してみる。
②体験した実感を、知識や論理を用いて理解し把握する。
③啓蒙活動・教育を通して、未知の存在を既知の存在へと転換する。

　幻覚妄想状態にある人を見たとき、精神障害について知識も経験もない人の反応は、同じ人間とは思えない、化け物、悪魔が乗り移っているであり、相手は人間ではないため排除・隔離・殺害することにためらいを覚えない。人類はかつて同じ言葉を話さない、同じ神を信じない、肌の色が自分と違うことを理由に相手は人間ではないと断じ、収容所や居留区に隔離し、奴隷としてこき使い、ためらいなく殺害してきた。しかし知識と教養と不安に向き合う少しの勇気があれば、言葉が異なっても、信じる神が異なっていても、肌の色が異なっていても、幻覚や妄想に支配されている相手でも、相手は同じ人間であると理解することができる。これが差異を受け入れることであり、他者に無関心にならないことである。
　人間がもっとも絶望を感じるのは、攻撃されることでも無視されることでもない。無関心にさらされることなのである。

《参考文献および引用文献》

第1章
東洋・大山正・詫摩武俊・藤永保編『心理用語の基礎知識』有斐閣ブックス、1973
ハンソン, N. R.　村上陽一郎訳『科学的発見のパターン』講談社学術文庫、1986
Hunt, M. 1993 *The Story of Psychology, Doubleday*, New York.
村上陽一郎『近代科学を超えて』講談社学術文庫、1986
中島義明・繁桝算男・箱田裕司編『新・心理学の基礎知識』有斐閣ブックス、2005
下山晴彦・子安増生編著『心理学の新しいかたち―方法への意識』誠信書房、2002

第2章
馬場雄二・田中康博『試してナットク!　錯視図典』講談社、2004
エヴァンズ, D., 遠藤利彦訳『感情』岩波書店、2005
福井康之『感情の心理学』川島書店、1990
御領謙・菊地正・江草浩幸『最新　認知心理学への招待』サイエンス社、1993
海保博之編『「温かい認知」の心理学』金子書房、1997
前田重治『図説　臨床精神分析学』誠信書房、1985
大山正・今井省吾・和気典二編『新編　感覚・知覚心理学ハンドブック』誠信書房、1994
妙木浩之『フロイト入門』筑摩書房、2000
詫摩武俊・鈴木乙史・瀧本孝雄・松井豊『性格心理学への招待（改訂版）』サイエンス社、2003

第3章
〈1〉
Bandura, A. 1965 Influence of Model's Reinforcement Contingencies on the Acquisition of Imitative Response. *Journal of Personality and Social in Psychology.* 1, 589-595
鹿取広人・杉本敏夫『心理学［第2版］』東京大学出版会、2004

大山正・杉本敏夫『ホーンブック心理学』北樹出版、1990

Pavlov, I. P. 1927 *Conditioned Reflexes*. Oxford University Press.

Selingman & Maier, 1967 Failure to Escape Traumatic Shock. *Journal of Experimental Psychology*. 74, 1-9

Skinner, B. F. 1938 *The Behavior of Organisms : An Experimental Analysis*. Englewood Cliffs, n. J. : Prentice-Hall.

Watson. J. B. 1930 *Behaviorism*. rev. ed Norton.

〈2〉

Atkinson, R. C., &Shiffrin, R. M. 1971 Human Memory : A Proposed System and Its Control Processes. In K. W. Spence, *The Psychology of Learning & Motivation : Advances in Research and Theory*, pp. 89-195, New York : Academic Press.

Miller, G. A. 1956 The Magical Number Seven Plus or Minus Two : Some Limits or Our Capacity for Processing Information. *Psychological Review*, 63, 81-97

長田久雄編集『看護学生のための心理学』医学書院、2002

Peterson, L. 1959 Short-term Retention of Individual Verbal Itmens, *JEP*, 58, 193-198

吉武光世編著『はじめて学ぶ　メンタルヘルスと心理学』学文社、2005

〈3〉

鹿取広人・杉本敏夫『心理学［第2版］』東京大学出版会、2004

大山正・杉本敏夫『ホーンブック心理学』北樹出版、1990

Piaget, J., & Inhelder, b. 1947 *La representation de l'espace chez l'enfant*. Presses Uinversitaires de France. nj

Thorndike, E. L. 1911 Animal Intelligence. Macmillan.

第4章

ボウルビイ, J., 黒田実郎ほか訳『母子関係の理論 I』岩崎学術出版社、1976

エリクソン, E. H., 仁科弥生訳『幼児期と社会』みすず書房、1977

Fantz, R. L. 1963 Pattern Vision in Newborn Infants. *Science*, 140. 296-297.

藤永保著『発達の心理学』岩波書店、1982

藤生英行「現代の家族とは」川島一夫編　『図で読む心理学　発達』福村出版、1991

繁多進編『乳幼児発達心理学』福村出版、1999

Hess, E. H. 1958 "Imprinting" in Animals, *Scientific American*, 198, 81-90.
川端啓之ほか著『発達臨床心理学』ナカニシヤ出版、1995
北尾倫彦ほか著『グラフィック心理学』サイエンス社、1997
村田孝次著『教養の心理学』培風館、1975
大山正・杉本敏夫編『ホーンブック心理学』北樹出版、1990
Portman, A. 1951 Biologische Fragmente zu einer Lehre vom Menschen. Verlag Benno Schwabe.
ポルトマン，A.，高木正孝訳『人間はどこまで動物か──新しい人間像のために』岩波書店、1961
齊藤勇編『図説心理学入門』誠信書房、1988
総務省平成14年度就業構造基本調査
内田輝彦・増田公男編『発達・学習・教育臨床の心理学』北大路書房、2000
梅津耕作ほか著『教育心理学入門』サイエンス社、1989

第5章
オルポート，G. W.，今田恵監訳『人格心理学 上・下』誠信書房、1968
キャッテル，R. B.，齋藤耕二・安塚俊行・米田弘枝訳『パーソナリティの心理学』金子書房、1975
Costa, P. T. & McCrae, R. R. 1992 Revised NEO Personality Inventory (NEO-PI-R) and EO Five-Factor Inventory (NEO-FFI) Professional Manual. Psychological Assessment Resources.
Eysenck, H. J. 1960 *The Structure of Human Personality*, Mephuen.
木島伸彦「Cloninger のパーソナリティ理論の基礎」『季刊精神科診断学』vol.11, No.4. pp.387-396、2000
松原達哉編著『第4版心理テスト法入門──基礎知識と技法習得のために』日本文化科学社、2002
ミッシェル，W.，詫摩武俊監訳『パーソナリティーの理論』誠信書房、1992
宮城音弥『性格』岩波新書、1960
大村政男『新訂 血液型と性格』福村出版、1998
詫摩武俊・滝本孝雄・鈴木乙史・松井豊『性格心理学への招待 改訂版』サイエンス社、

2003

第6章
〈1〉
神谷美恵子『生きがいについて 神谷美恵子コレクション』みすず書房、2004
神田橋條治『精神科養生のコツ』岩崎学術出版、1999
中村雄二郎『臨床の知とは何か』岩波書店、1992
〈2〉
坂野雄二・佐藤正二・菅野純・佐藤容子『ベーシック現代心理学 臨床心理学』有斐閣、1996
〈3〉
ハーセン, M., ハッセル, V. B., 深澤道子監訳『臨床面接のすすめ方：初心者のための13章』日本評論社、2001
松原達哉編著『心理テスト法入門』日本文化科学社、2004
岡堂哲雄編『増補新版 心理検査学』垣内出版、1993
リーネル, B., 杉浦京子, 鈴木康明『星と波テスト入門』川島書店、2000
杉浦京子, 香月菜々子, 鋤柄のぞみ『投映描画法ガイドブック』山王出版、2005
〈4〉
バーンズ, D. D., 野村総一郎他訳「いやな気分よさようなら」星和書店、1998
河合隼雄「河合隼雄のカウンセリング入門」創元社、2005
河合隼雄「ユング心理学入門」培風館、1967
前田重治「図説 臨床精神分析学」誠信書房、1985
宮田敬一編「ブリーフセラピー入門」金剛出版、1995
ペック, M. S., 氏原寛・矢野隆子訳「愛と心理療法」創元社、1987
Rogers, C. R. 1951 *Client-centered Therapy*, Houghton Mifflin Co.
徳田良仁「心を癒す芸術療法」ごま書房、1997

第7章
〈1〉
A. P. A（アメリカ精神医学会）編　高橋三郎・大野裕・染矢俊幸訳『「DSM-IV-TR」

精神疾患の分類と診断の手引き』医学書院、2005
藤森和美編『子どものトラウマと心のケア』誠信書房、2000
ハーマン, J. L., 中井久夫訳『心的外傷と回復』みすず書房、1999
西澤哲『トラウマの臨床心理学』金剛出版、1999
ヤング, A., 中井久夫他訳『PTSDの医療人類学』みすず書房、2001

〈2〉
平山正美・斎藤友紀雄編『悲しみへの援助：グリーフ・ワーク』至文堂、1988
パークス, C. M.『死別：遺された人たちを支えるために』メディカ出版、1993
鈴木康明　2001a「グリーフ・カウンセリング」國分康孝監『現代カウンセリング事典』p56、金子書房
鈴木康明　2001b「別の悲しみへの援助」『国士舘大学文学部人文学会紀要』、第34号、pp13-28.
鈴木康明　2003a「喪失の悲しみから学ぶ：だから死なないで生きよう」仙台いのちの電話、64、pp2-3.
鈴木康明　2003b「死別体験者のためのサポート活動：セルフヘルプグループとしての『わかちあいの会』」『ターミナルケア』Vol.13、No.5、pp380-383. 三輪書店
山本和郎『コミュニティ心理学：地域臨床の理論と実践』東京大学出版会、1986
若林一美『死別の悲しみを超えて』岩波書店、1994
ウォーデン, J. W.『グリーフカウンセリング』川島書店、1993

〈3〉
玄田有史『仕事のなかの曖昧な不安』中央公論社、2004
渡辺三枝子、E. L. ハー『キャリアカウンセリング入門―人と仕事の橋渡し』ナカニシヤ出版、2001
渡辺三枝子編『キャリアの心理学』ナカニシヤ出版、2005

〈4〉
安藤延男編『人間関係入門―いきいきした人生のために―』ナカニシヤ出版、2000
星野命編集『対人関係の心理学』日本評論社、2002
日本労働研究機構「VPI職業興味検査手引」日本労働研究機構、平成11年
坂本真士・佐藤健二編『はじめての臨床社会心理学』有斐閣、2004
Super, D. E. A Life-span, Life-space Approach to Career Development : Career

Choice and Career Development : Applying Contemporary Theories to Practice, San Francisco : Jossey-Boss 1990

山岸俊男編『社会心理学キーワード』有斐閣、2005

第8章

市橋秀夫『心の地図——こころの障害を理解する　上下巻』星和書店、1997
小此木啓吾『心の臨床家のための 必携 精神医学ハンドブック』創元社
高橋三郎他『DSM-Ⅳ-TR 精神疾患の分類と診断の手引』医学書院、2003
樽味伸『現代社会が生むディスチミア親和型』臨床精神医学　34(5)：687-694、2005
融道男他『ICD-10　精神および行動の障害』医学書院、2005
山下格『精神医学ハンドブック　医学・保健・福祉の基礎知識（第3版）』日本評論社、2004

事 項 索 引

あ 行

愛着 65
Ｉ．Ｐ．(identified patient) 114
アセスメント 96
アルコール依存症 162
アルツハイマー病 160
意識 14, 17, 103
意志決定モデル 132
依存症 161
一次的動機（生理的動機） 34
意味記憶 49
印象形成 133
インフォーマル・グループ 135
インプリンティング 56
うつ病 149
ＡＳＤ（Acute Stress Disorder） 121
エス 103
エピソード記憶 49
エンカウンター・グループ 108
オペラント条件づけ 43

か 行

外向性 76
外傷後ストレス障害（PTSD） 120, 154
外発的動機づけ 33
外部感覚 21
解離性健忘 154
解離性同一性障害 154
解離性遁走 154
カウンセラー 92, 102
カウンセリング 92, 101
学習 41, 55
学習性無力感 67
学習的無気力 45
学習理論 15
カクテルパーティ効果 28
家族療法 114
葛藤 37

仮面うつ病 149, 151
感覚 21
感覚記憶 47
感覚受容器 21
観察学習（社会的学習） 44
観察法 81
干渉 49
感情（feeling） 28, 29
　　――の理論 31
記憶 45
　　――の二重貯蔵モデル 46
気質 73
機能主義 14, 15
気分（mood） 29
気分障害 149
気分変調症 149, 152
記銘 46
逆転移 105
逆行干渉 49
キャノン-バードの中枢説 32
キャリア・カウンセリング 128
強化 42
共感 107
共時性 107
強迫性障害 153
恐怖症 153
均衡理論 134
ＱＯＬ（Quality of life） 92
具体的操作 53
クライエント 102
クライエント中心療法 107
群化の要因 23
形式的操作 53
芸術療法 110
系列位置効果 49
ゲシュタルト心理学 16
ゲシュタルト療法 18
血液分類と性格 77
欠乏動機 35

事項索引 | 173

幻覚　142
研究　94
元型　106
検索　49
検査法　84
原始的防衛機制　106
恒常性　26
構成主義　14
行動主義　15
行動主義的視点　12
行動療法　108
更年期障害　71
広汎性発達障害　156
交流分析　18, 105
固着　75
古典的条件づけ　41

さ　行

最適期（敏感期）　56
作業検査　88
作業検査法　100
錯視　25
錯視図形　26
作動記憶　49
ジェームズ-ランゲの末梢　32
ジェンダー　66
自我　13, 103
自我同一性　68
刺激閾　21
刺激と反応（S-R）　15
自己一致、純粋性　107
思考　51
試行錯誤　16, 51
自己概念　107
自己実現　18
自己受容感覚　21
自己成長　92
自己中心性　66
思春期　69
実験心理学　14
質問紙検査　86
質問紙法　99

死別体験　124
集団　135
集団規範　135
主観的輪郭　26
順向干渉　49
生涯発達心理学　72
消去　42
条件刺激　15
条件づけ　15
条件反射　15, 41
条件反応　15
情動（emotion）　28, 29
初期経験　56
職業指導　128
職業的自己概念　129
人格（パーソナリティ）　73
心気症　153
神経症　152
新行動主義　15
身体化障害　153
身体醜形障害　154
心的外傷　120
信頼性　101
心理アセスメント　96
心理検査　99
心理社会的危機　62
心理療法　101
ステレオタイプ　125
図　23
性格　73
成熟　55
精神医学　137
精神交互作用　116
精神障害の分類　139
精神症状　142
精神発達遅滞　156, 157
精神分析　13, 17, 103
精神分析療法　103
精神力動的視点　12, 13
成長動機　35
生物学的視点　12
生理的早産　60

摂食障害　154
セラピスト　102
前意識　103
前操作期　53
選択的注意　28
全般性不安障害　153
躁　143
躁うつ気質　75
躁うつ病　149
想起　46
相互作用説　55
相互作用論　81
喪失体験　126
躁病　149, 151

　　　　　　　た　行

対人認知　133
代理強化　44
妥当性　101
短期記憶　47
短期療法　115
地　23
地域援助　94
知覚　22
知覚的群化　23
知覚特性　22
知能
　——の多因子説　85
　——の二因子説　85
知能検査　85
知能指数　85
チャンク　48
注意欠陥多動性障害（ADD/ADHD）
　　　　　　　　　　　156, 157
中心的特性　133
中年期危機　71
長期記憶　48
超自我　13, 103
抵抗　104
適応　95
テストバッテリー　100
手続き記憶　49

転移　104
転換性障害　153
展望的記憶　46
投映法　99
投影（映）法検査　86
動機づけ　33
統合失調症　146
洞察　16, 52
特異的発達障害　156
特性論　78
トップダウン処理（概念駆動型）　27

　　　　　　　な　行

内観　14
内観療法　117
内向性　76
内発的動機づけ　33
内部感覚　21
ナルシシズム　106
ニート　70
二次条件づけ　43
二次的動機（社会的動機）　34
二重拘束理論　115
人間主義的視点　12, 13
人間性心理学　17
認知　32, 46
認知主義的視点　12, 13
認知症　160
認知療法　109
粘着気質　75
脳血管性痴呆　161

　　　　　　　は　行

パーソナリティ障害　158
発達　55
　——の法則　57
発達加速化現象　68
発達課題　59
発達検査　84
発達障害　155
発達段階　58
罰　43

パニック障害　153
般化　42
悲哀　126
悲嘆　126
ＰＴＳＤ　120
ビッグ・ファイブ　80
ファイ現象　16
不安　143
フォーカシング　18, 108
不適応　95
普遍的無意識（集合的無意識）　106
フリーター　70
分析心理学　106
文脈効果　27
分裂気質　75
弁別　42
防衛機制　38, 103
報酬　43
保持　46
母子相互作用　62
ボトムアップ処理（データ駆動型処理）　27
ホメオスタシス　33

　　　　　ま　行

無意識　13, 17, 103
無条件刺激　15, 41
無条件の肯定的関心、受容　107
無条件反射　41

無条件反応　15
面接法　83
妄想　142
モラトリアム　69
森田療法　116

　　　　　や・ら行

薬物依存　163
薬物療法　145
遊戯療法　109
有能性　62
抑圧　38, 103
抑うつ　143
欲求　33
欲求階層説　18, 35
欲求不満　35
欲求不満耐性　35
予防精神医学　164
ライフ・キャリア・レインボー　130
ライフ・サイクル　62
ラポール　102, 110
リーダー　135
離人症　154
リハーサル　48
リビドー　17, 75
臨界期　56
臨床心理学　91, 92
類型論　74

人名索引

あ行

アイゼンク（Eysenck, H. J.） 79, 108
アクスライン（Axline, V. M.） 110
アッシュ（Asch, S. E.） 133
アトキンソン（Atkinson, R. C.） 46
アドラー（Adler, A.） 17
アンナ・フロイト（Freud, A.） 17
ウィークランド（Weakland, J.） 115
ウィニコット（Winnicott, D. W.） 17, 106
ウェックスラー（Wechsler, D.） 86
ウェルトハイマー（Wertheimer, M.） 16, 23
ウォルピ（Wolpe, J.） 108
内田勇三郎 88
ヴント（Wundt, W. M.） 13
エーレンフェルス（Ehrenfels, C. v.） 16
エビングハウス（Ebbinghaus, H.） 46
エリクソン（Erikson, E. H.） 62, 115
エンジェル（Angell, J. R.） 14
エンドラー（Endler, N. S.） 81
大村政男 77
オルポート（Allport, G. W.） 74

か行

カプラン（Kaplan, H. S.） 164
カルフ（Kalff, D.） 112
ガレヌス 74
木島伸介 80
キムバーグ（KimBerg, I.） 116
キャッテル（Cattell, R. B.） 79
クライン（Klein, M.） 17, 106
クレッチマー（Kretschmer, E.） 75
クレペリン（Kraepelin, E.） 88
クロニンジャー（Cloninger, C. R.） 79
クロンボルツ（Krumboltz, J. D.） 132
ケーラー（Köhler, W.） 16, 52
コスタ（Costa, P. T.） 80
コフート（Kohut, H.） 106
コフカ（Koffka, K.） 16

さ行

サーストン（Thurstone, L. L.） 85
サティア（Satir, V. M.） 115
サリヴァン（Sullivan, H. S.） 17, 106
ジェームス（James, W.） 14, 32
ジェンドリン（Gendlin, E. T.） 18, 108
シフリン（Shiffrin, R. M.） 46
ジャクソン（Jackson, D. D.） 115
シュテルン（Stern, W.） 85
シュプランガー（Spranger, E.） 76
スーパー（Super, D. E.） 129
スキナー（Skinner, B. F.） 43
スピアマン（Spearman, C. E.） 85
セリグマン（Selingman, M. E. P.） 45
ソーンダイク（Thorndike, E. L.） 15, 51

た行

ターマン（Terman, L. M.） 85
ティチェナー（Titchener, E. B.） 14
デカルト（Descartes, R.） 18
デューイ（Dewey, J.） 14
デュ・シェイザー（de Shazer） 116
トールマン（Tolman, E. C.） 15

な・は行

ナイサー（Neisser, U.） 46
パーソンズ（Persons, F.） 129
パールズ（Perls, F.） 18
バーン（Berne, E.） 18, 105
ハイダー（Heider, F.） 134
ハヴィガースト（Havighust, J. R.） 59
パブロフ（Pavlov, I. P.） 15, 41
ハル（Hull, C. L.） 16
ハンソン（Hanson, N. R.） 18
バンデューラ（Bandura, A.） 44
ピアジェ（Piaget, J.） 52, 66
ビネー（Binet, A.） 85
ヒポクラテス 74

フェヒナー（Fechner, G. T.） 14
ブリッジェス（Bridges, M. B.） 30
フロイト（Freud, S.） 13, 17, 75, 103, 143
フロム（Fromm, E.） 17
ベイトソン（Bateson, G.） 115
ヘイリー（Haley, J.） 115
ヘス（Hess, E. H.） 56
ベック（Beck, A. T.） 109
ヘルムホルツ（Helmholtz, H. V.） 14
ベンダー（Bender, L.） 88
ボウルビイ（Bowlby, J.） 65
ボーエン（Bowen, M.） 114
ホーナイ（Horney, K.） 17
ホランド（Holland, J. I.） 131
ポルトマン（Portmann, A.） 60

ま　行

マズロー（Maslow, A. H.） 13, 18, 35

マックレー（McCrae, R. R.） 80
ミッシェル（Mischel, W.） 81
ミニューチン（Minuchin, S.） 115
ミラー（Miller, G. A.） 47
森田正馬 116
モレノ（Moreno, J. L.） 113

や・ら・わ行

ユング（Jung, C. G.） 17, 76, 106
吉本伊信 117
ライヒ（Reich, W.） 75
ローエンフェルト（Lowenfeld, M.） 111
ローレンツ（Lorenz, K.） 56
ロジャース（Rogers, C. R.） 13, 17, 107
ワトソン（Watson, J. B.） 15, 43

編著者略歴

鈴木　康明（すずき　やすあき）

1978年　早稲田大学教育学部教育学科教育学専修卒業
1991年　筑波大学大学院教育研究科カウンセリングコース修了（教育学修士）
神奈川県立高校教諭、東京外国語大学助教授、国士舘大学文学部教授を経て、2008年4月より東京福祉大学・大学院（心理学研究科臨床心理学専攻）教授
早稲田大学、東京外国語大学非常勤講師
著書　『生と死から学ぶ：デス・スタディーズ入門』単著（北大路書房、1999年）
　　　『生と死から学ぶいのちの教育』編著（至文堂、2000年）
　　　『星と波テスト入門』共著（川島書店、2000年）
　　　『いのちの本』監修（学習研究社、2001年）
　　　『現代教育の原理と方法』分担（勁草書房、2004年）
　　　『生徒指導・進路指導・教育相談テキスト』編著（北大路書房、2005年）　ほか

飯田　緑（いいだ　みどり）

1976年　国際基督教大学教養学部理学科卒業
2003年　立正大学大学院文学研究科博士後期課程満期退学（文学修士）
雇用・能力開発機構職業カウンセラー、東京都スクールカウンセラー、日本リハビリテーション専門学校非常勤講師などを経て、現在、国士舘大学非常勤講師・学生相談室カウンセラー、世田谷区子ども家庭専門調査員、臨床心理士
著書　『図解雑学臨床心理学』分担（ナツメ社、2002年）
　　　『スクールカウンセリングの基礎知識』分担（新書館、2002年）
　　　『心のケアのためのカウンセリング大事典』分担（培風館、2005年）　ほか

はじめて学ぶ心理学

2006年5月1日　初版第1刷発行
2019年4月25日　初版第14刷発行

編著者　鈴木　康明
　　　　飯田　緑

発行者　木村　哲也

・定価はカバーに表示　　印刷　新灯印刷／製本　カナメブックス

発行所　株式会社　北樹出版

〒153-0061　東京都目黒区中目黒1-2-6　（03）3715-1525（代表）

© Yasuaki Suzuki & Midori Iida 2006, Printed in Japan
ISBN978-4-7793-0064-6　（落丁・乱丁の場合はお取り替えします）

大山　正・杉本敏夫　編著 **ホーンブック心　理　学** 〈ホーンブックシリーズ〉	基礎的かつ重要な資料である多数の図・表・写真などを本文との関連の中で印象的に捉えられるよう、的確・簡潔に解説した本文頁の対向頁に収めて、基本知識の全体像を把握させるよう工夫をこらした。 A 5上製　246頁　2400円 (167-X)　　[1990]
重野　純　著 **心理学入門** [改訂版]	心理学をはじめて学ぶ人たちのための入門書として、特定の分野に偏ることのないように一般心理学を中心とする基礎的部門における今日迄の代表的な研究を多数の図表・写真とともに包括的に簡易に解説。 A 5上製　179頁　1900円 (117-3)　　[1990]
伊藤哲司　著 **常識を疑ってみる心理学** [改訂版] —「世界」を変える知の冒険—	IQ、占い、宗教、偏見、マスコミ情報等、日頃馴染み深い題材をもとに、情報、社会、国際化、科学、心理学に関する常識を心理学の知識を活かしながら解体する。多面的なモノの見方、柔軟な思考を培う好著。 A 5上製　206頁　2300円 (989-1)　　[2005]
益谷眞・中村真　著 **心と行動のサイエンス** 主体的に考えるためのワーク143	心理学の学問的枠組み、性質を明示した上で、興味を持ちやすい身近な問題をテーマに基礎的知識を平易に解説。また豊富な資料や問題により、自分の力で研究、考察する力が養える。心理学・行動科学の入門書。 B 5並製　214頁　2400円 (738-4)　　[1999]
田中富士夫　編著 **臨床心理学概説** [新版]	理論的基盤の多元化、技法の多様化に加え、その活動領域の範囲が著しく拡大されてきた今日の臨床心理学の現状を俯瞰できるような基礎的テキストたることをめざした最新版。巻末に用語解説をも付す。 A 5上製　261頁　2500円 (551-9)　　[1996]
森谷寛之・竹松志乃　編著 **はじめての臨床心理学**	臨床心理学の基本的知識を分かり易く丁寧に解説した入門書。臨床心理学の定義、歴史などの概説から、心理検査法や療法といった実務面の説明に至るまで、豊富な図表と具体的事例にもとづき平易に叙述。 A 5上製　240頁　2500円 (550-0)　　[1996]
村尾泰弘　著 **家族臨床心理学の基礎** 問題解決の鍵は家族の中に	家族を知ることは個人を理解する上で必要不可欠であり、家族関係を改善することによって個人の問題は飛躍的に改善されるとする家族の視点からの臨床心理学の考え方と技法を論じる。新しい流れや技法も紹介。 A 5上製　174頁　2000円 (804-6)　　[2001]
鎌倉女子大学子ども心理学科　編 **子ども心理学入門**	子どもの心の問題や問題行動が深刻になりつつある現代に子どもを理解し、援助するために広い視野から改めて総合的に「子ども」を問いなおす。時代の要請によって成立した子ども心理学の入門テキスト。 A 5上製　208頁　2400円 (969-7)　　[2004]
伊藤美奈子　著 **思春期の心さがしと学びの現場** スクールカウンセラーの実践を通して	混迷している現代教育問題を教員・研究者・スクールカウンセラーと様々な立場から関わり続けてきた著者ならではの柔軟でバランスのとれた視点から捉え、開かれた連携、新たな教育の展望を具体的に示した好著。 四六上製　148頁　1600円 (778-3)　　[2000]